KATJA ROHDE

Ich Igelkind

KATJA ROHDE

ICH
IGELKIND

*Botschaften aus einer
autistischen Welt*

nymphenburger

Meinem Papa gewidmet

Besuchen Sie uns im Internet unter
www.nymphenburger-verlag.de

4. Auflage – Sonderproduktion

© 1999 nymphenburger in der
F. A. Herbig Verlagsbuchhandlung GmbH, München
Alle Rechte vorbehalten.
Schutzumschlag: Wolfgang Heinzel
Umschlagfoto: photonica, Hamburg
Satz: Schaber Satz- und Datentechnik, München
Gesetzt aus 10,8/14,9 Punkt Trump Mediäval in XPress
Druck und Binden: GGP Media, Pößneck
Printed in Germany
ISBN 3-485-00826-5

Ich siegesarmes autistisches Wesen,
lebensfroh,
doch abhängig von der Zuwendung Lebensstarker,
erfreue die Welt mit meiner Existenz.
Was wäre die Erde ohne meine Träume,
dringend, fordernd,
äußerste Kraft von meiner Umgebung verlangend,
aber auch meiner Umgebung eine andere Welt schenkend,
in der Träume Ergebnisse entwerten,
die die Wirklichkeit liefert.
Träume sind Tugenden der Seele,
gut für suchendes, wesensbildendes Denken,
gut gegen alle Verkrustung,
gut gegen alle Stagnation.
Ich, Igel Gottes, bin gut gedacht,
different siegend, unterschiedlich handelnd.
Gott hat mich gewollt. Ich bin gut geraten.

KATJA ROHDE

INHALT

DRITTER TEIL MIT
BRIEFEN, GESPRÄCHEN UND GESCHICHTEN
»Igel, Nilpferd, Gotteskind.«

Erster Teil von
Ulla Rohde

»Katja schenkt uns immer wieder Kraft.«

Was ist Autismus?

Als wir anfingen, mit einer Autistin zu leben, und davon ausgingen, Autismus nun zum Feind zu haben, wußten wir kaum, worum es ging. Auch in den folgenden Jahren fand ich keine eindeutigen Definitionen, Erklärungen, Therapien. Selbst die Diagnose an sich wurde immer wieder energisch in Frage gestellt. Oft verlor ich die Gewißheit, überhaupt das Richtige für mein Kind zu tun, je mehr ich mich mit Autismus beschäftigte. Zum Glück habe ich es nicht aufgegeben.

In den siebziger Jahren bin ich zunächst auf zwei verschiedene Definitionen von Autismus gestoßen: Der einen zufolge ist er vor allem eine seelische Störung, verursacht durch eine neurotisch kalte Mutter, die ihrem Baby die Fähigkeit nimmt, sich seiner Umwelt zu öffnen, die es dazu zwingt, sich in sich selbst zu flüchten und alles von außen Kommende als Bedrohung abzuwehren.

Oft war ich wütend und verunsichert, wenn ich mit meiner Tochter Hilfe suchte und spürte, daß man mich für gefühlsarm und neurotisch hielt.

Sehr viel später lernte ich die Theorie von Autismus als Wahrnehmungsstörung kennen: Bei einem Menschen mit autistischer Behinderung funktionieren manche Sinnesorgane weit überdurchschnittlich, andere jedoch schlecht. Im Gehirn entsteht so keine normale Koordination sinnlicher Wahrnehmung, sondern ein Desorientierung und Panik auslösendes Chaos von Eindrücken, die nicht gegliedert werden können. Der Betroffene versucht, sich dagegen zu schützen, und entwickelt dabei Verhaltensweisen, die auch für seine Umgebung beunruhigend und belastend sind. Diese Verhaltensweisen verstärken sich zu Stereotypien (Wiederholen von sprachlichen Äußerungen oder motorischen Abläufen), zu Ticks, an denen Insider Autisten erkennen.

Folgende Symptome sind uns nun vertraut, sei es von Katja, sei es aus ihrem inzwischen entstandenen Freundeskreis von Menschen, die auch autistische Charakteristika haben:

Ein vermeintliches »Nicht hingucken«. So wird zu Katja oder über Katja oft gesagt, sie sehe beim Schreiben ja gar nicht hin. Katja erklärt immer wieder, daß ihr peripheres Sehvermögen mindestens so gut sei wie ihr zentrales. Dennoch löst diese Art optischer Wahrnehmung Befremden und Skepsis aus. Als wir noch nicht durch die gestützte Kommunikation, auf die ich später näher eingehen möchte, alles miteinander besprechen konnten, hatte ich zwar gemerkt, daß mein Kind offensichtlich blitzschnell aus den Augenwinkeln wahrnahm, hatte mir dabei jedoch oft selbst mißtraut.

Ingeborg, eine Schulkameradin von Katja, ließ sich, sobald auch sie sich durch die gestützte Kommunikation verständlich machen konnte, eine Brille anfertigen, die sie davor schützt, auch noch Dinge, die sich fast hinter ihr befinden, wahrnehmen zu müssen. Mit dieser Brille bezeichnet sie ihre Wahrnehmungsqualität als deutlich besser, weil nun nicht mehr eine Überfülle visueller Eindrücke auf sie einstürmt und Angst auslöst.

Eine weitere Auffälligkeit, die klarer in den Bereich der Stereotypien gehört und vielleicht durch die Überreizung eines oder mehrerer Sinnesorgane ihre Erklärung findet: Katja, die ein weit über dem Durchschnitt liegendes hervorragendes Gehör hat, sich jedoch auch darüber beklagt, daß sie alle Geräusche im Raum gleichzeitig wahrzunehmen gezwungen sei, nichts wegfiltern und keine Prioritäten setzen könne, schlägt sich, zum Beispiel im Restaurant oder auf dem Bahnsteig, plötzlich gegen den Kopf und schreit, hoch, schrill, so daß es durch Mark und Bein geht. Dabei reißt sie sich fest an den Haaren und schmeißt den Kopf hin und her. Wir haben dieses Verhalten auch bei anderen Menschen als offenbar zum Autismus gehörig kennengelernt. Bisweilen richtet sie ihre Aggression nach außen, dann vor allem auf mich.

Katja muß, wie andere Autisten, zwanghaft bestimmte Geräusche machen: Pfeifen, Schnalzen, die Ellenbogen auf die Tischplatte schlagen, Wasser auf der Toilette abspülen etc. Einer ihrer Klassenkameraden, auch Autist, drehte noch als junger Mann einen Legoklotz immer vor seinen Augen hin und her. Ein anderer autistischer junger Mann, der sie neulich besuchte, prustete stundenlang durch die Lippen.

Unsere Tochter und die Autisten, die sich darüber äußern können, sagen, daß sie sehr unter ihren Auffälligkeiten leiden. Für mich, die ich von unserer Familie die meiste Zeit mit Katja verbringe, sind manche ihrer Ticks ganz schlimm, so daß ich am liebsten weglaufen würde, wenn es sie überkommt. Dann brülle ich herum und verliere rettungslos die Nerven. Zu diesen Ticks gehören:

• Pfeifen. Es sind immer nur zwei Töne, die sie stundenlang von sich gibt, bis daß ich schreie, doch wirkt das auch nicht jedesmal.

• Kratzen und Reißen an den Haaren. Inzwischen finde ich das Geräusch einfach gräßlich und stehe unter Strom, wenn ich es ertragen muß.

• Kratzen an ihrem Bett. Sie hat in das Holz lange tiefe Rillen gekratzt, und ich kann auch dieses Geräusch nicht mehr aushalten. Es kommt ja nicht einmal, sondern stundenlang immer wieder. Zwar denke ich dann, daß sie ihr nicht gut entwickeltes »Fingerspitzengefühl« zu stimulieren versucht, doch hört es sich für mich scheußlich an. Da mein

Arbeitszimmer unter ihrem Zimmer liegt, flippe ich regelmäßig aus, laufe in den Flur und schreie nach oben, sie möge sofort aufhören. Manchmal tut sie es, oft schafft sie es nicht. Besonders tröstlich wirken dann auf mich kluge Menschen, die das fast alles nur für einen Erziehungsfehler halten, oder auch diejenigen, die mitbekommen, wie ich ausraste, und dann sagen: »Also, mir würde das ja überhaupt nichts ausmachen.«

Vor allem Katjas Zwang, den sie auch mit vielen Autisten teilt, sich an den Kopf zu schlagen und zu schreien, wenn sie von vielen fremden Menschen umgeben wird, engt uns sehr ein. Wir können fast nie in ein Restaurant gehen oder gar Ferien in einem Hotel machen. So sind wir im Urlaub zu Picknickspezialisten geworden und haben sehr eindrucksvolle Mittagessen aus dem Rucksack erlebt, zum Beispiel während eines heißen umbrischen Sommers im Schatten auf den Treppen des Doms von Perugia oder auf einer Wiese des Beginenhofes von Tongeren, auch vor den Stadtmauern von Maastricht oder in der Provence auf der Schloßterrasse von Le Barroux.

Im Winter nehmen wir es jedoch weniger leicht. Und außerdem hätte ich manchmal einfach gerne weniger Arbeit im Urlaub. Doch unter unseren Lebensumständen gehören eben Einkaufen und abendliches Kochen zum Ferienglück dazu.

Wenn wir das Restaurant einmal nicht vermieden

haben und Katja ihre Schrei- und Klopf-Show veranstalten mußte, sind wir entweder mit weniger
Kalorien im Leib oder mit einer engeren Bekannt-
schaft mit den Angestellten oder Besitzern des Re-
staurants aus dieser Erfahrung herausgegangen.
Trotz dieser sich oft gleichenden Verhaltensweisen, die wir beobachtet haben, wage ich es nicht,
die Frage »Was ist Autismus?« allgemeiner zu beantworten. Autismus scheint mir zu vielschichtig.
Wir kennen inzwischen sprechende Autisten, stu-
dierende Autisten, Autisten, die im Lebenspraktischen ganz gut zurechtkommen, andere, die viel
hilfloser sind als Katja. Wir fürchten und vermu-
ten, daß noch Tausende unwürdig leben müssen
wie Katja vor der Entdeckung ihrer Fähigkeiten.
Doch Autisten vom Schlage Katjas wird ihr Grund-
recht auf Bildung vom Staat verwehrt. Wir bekommen viel Hilfe, weil wir viel kämpfen. Sehr oft fühlen wir uns jedoch im Stich gelassen. Und wir sind
nicht die einzigen, für die nichts passiert, wenn sie
sich nicht ständig bemerkbar machen.

Unsere Familie

Katjas Geburt im Essener Knappschaftskrankenhaus war schwer. Sie wurde schließlich, als ihre Herztöne wegblieben, mit der Vakuumpumpe »geholt«. Ein paar Tage nach der Entbindung diagnostizierte man eine Gelbsucht mit einem lebensbedrohlich hohen Bilirubingehalt (Bilirubin = rötlichbrauner Farbstoff der Galle) und brachte sie in die Universitätskinderklinik Essen. Dort lag sie zunächst im Brutkasten, bekam Transfusionen, Infusionen, Rückenmarkspunktionen usw. Wir durften sie nur durch ein Glasfenster vom Flur aus betrachten. Das änderte sich auch nicht, als sie den Brutkasten verlassen konnte, jedoch noch im Krankenhaus bleiben mußte.

Katja war fast zwei Monate alt, als wir sie nach Hause holen durften. Dort entwickelte sich unser abgemagertes Baby, dessen Adern am ganzen Körper durch die Haut schimmerten, körperlich schnell. Katja wurde rund und hübsch. Sie schrie viel.

Als sie vier Monate alt war, zogen wir mit unseren beiden Töchtern Katja und Pamela – Pamela ist fast genau ein Jahr älter – nach Heinsberg-Kempen.

Nach und nach beunruhigten uns einige Verhaltensweisen unserer jüngeren Tochter: Ihr fiel es sehr schwer, feste Nahrung zu sich zu nehmen. Sie schrie immer noch viel. Wenn ich mich mit ihr beschäftigte, hatte ich den Eindruck, daß sie jedem Blickkontakt zu mir auswich. Als sie zwölf Monate alt war, hatte sie mich noch nie angelächelt. Ich fühlte mich wie ein Fütter- und Wickelautomat.

Unserem Kinderarzt teilte ich öfter meine Sorge mit, daß Katja sich nicht normal entwickele. Er tat dies jedoch immer ab. Wir fuhren dann trotzdem in die Unikinderklinik Essen, weil wir zu beunruhigt waren. Dort wurde die Diagnose MCD (Minimale Cerebrale Dysfunktion) gestellt und Babyturnen empfohlen.

Wir suchten nun eine Kinderklinik, die eine MCD-Therapie begleiten und die ich am Nachmittag erreichen konnte. Von Krankenhaus zu Krankenhaus waren wir durch die unterschiedlichsten Diagnosen und Prognosen zermürbenden Schwankungen zwischen Hoffnung und großer Niedergeschlagenheit ausgesetzt. Wir bekamen vieles zu hören von: »Ihr Kind ist nur ein wenig retardiert – bei der Krankengeschichte kein Wunder!« bis: »Das ist ja furchtbar! Da ist ja gar nichts zu machen! Ist das ein Leben?« Schließlich gelangten wir zu einem tschechischen Kinderneurologen, der an der Uniklinik Köln arbeitete.

Er beobachtete Katja ein wenig, nachdem wir sie in seinem Behandlungsraum auf den Boden gesetzt hatten, und sagte: »Sie ist autistisch!« Ich hatte morgens im »Spiegel« den ersten Artikel über Autismus gelesen und war sofort überzeugt, daß Katja davon betroffen sein könnte.

Meine erste Reaktion auf diese Diagnose war Erleichterung: Zum einen halte ich nichts davon, mir Illusionen zu machen – auch nicht, um schwierige Lebensumstände besser zu ertragen. Ich akzeptiere lieber die Gegebenheiten, nehme sie als Ausgangsposition und kämpfe. Dabei fürchte ich mich am meisten vor Ohnmachtsgefühlen, die mir jedoch zum Großteil erspart geblieben sind. Dafür bin ich heute dankbar. Zum anderen war ich mir der Tragweite dieser Diagnose überhaupt nicht bewußt. Ich glaubte, wo eine Diagnose sei, sei endlich auch eine gezielte Therapie. Das stimmte damals, zumindest dort, wo wir Hilfe suchten, nicht.

Katjas Therapie wurde nämlich keineswegs autismusspezifisch gestaltet, sondern sie diente, wie bei anderen behinderten Kindern auch, lediglich dazu, ihre körperliche Retardierung – sie saß, krabbelte, lief, griff nicht wie ein normal entwickeltes Baby – anzugehen. Zumindest damit hatten wir gute Erfolge.

In dieser Zeit stellten wir fest, daß Katja von Angst besessen sein mußte, vor allem von der

Angst vor Lebendigem, daß sie jedoch auch immer auf ihre Art versuchte, damit fertigzuwerden. So schrie sie, wenn ich sie auf einer Decke ins Gras setzte, sobald sie es berührte, griff dann aber immer wieder schreiend in die Halme, an Baumstämme usw. Erklären konnten wir uns ihre Angst nicht. Auch im Laufe der nächsten Jahre, als ich mich mit »Autismus« beschäftigte, blieb vieles an meinem Kind für mich rätselhaft. Nur wurden jetzt die Ängste und Einsamkeitsgefühle, die sich bei mir eingestellt hatten, gelindert, weil ich lernte, daß es anderen genauso ging. Doch ein schlechtes Gewissen begleitete mich fast immer. Katjas autistische Verhaltensweisen gaben mir meistens das Gefühl, nicht genug zu tun, mich nicht genug um sie zu kümmern, schuld zu sein an ihrem Autismus.

Ich habe Katja oft in den Kinderwagen gesetzt und bin mit ihr hinaus in die Felder gefahren, um sie dort an einen gefällten Baum zu stellen oder ins Gras zu setzen, wo keine Menschen waren, die dieses fürchterliche Schreien – immer auf derselben Tonhöhe – aufgeschreckt und veranlaßt hätte, mir Fragen zu stellen. Ich spürte ja, daß sie ihre Angst besiegen wollte, doch ihr Schreien setzte mir zu. Oft, wenn sie dann zu Hause still war, ließ ich sie in ihrem Zimmer allein, um mich zu erholen oder Hausarbeit zu erledigen.

Außerdem war unsere ein Jahr ältere Tochter Pami

ja auch noch da, und der Umgang mit ihr machte einfach viel mehr Spaß, weil sie sich zu einem lustigen, aufgeschlossenen, warmherzigen kleinen Mädchen entwickelte. Katja hat sicher in dieser Zeit nicht all die Zuwendung von mir bekommen, die sie gebraucht hätte.

Unser afrodeutsches Pamchen hatten wir während meiner Schwangerschaft mit Katja in Adoptionspflege genommen und später adoptiert.

Katja beneidet ihre Schwester, liebt sie und hat zu ihr Vertrauen.

Pami versuchte, solange wir zurückdenken können, ihre Schwester mit einzubeziehen. Auch unsere Nachbarn waren sehr verständnisvoll: Als Katja laufen konnte, sorgten sie oft dafür, daß sie nicht von den Spielen ihrer Kinder ausgeschlossen wurde, doch manchmal bekam Pami eben doch gesagt: »Wenn du mit der kommst, kannst du gleich wieder abhauen!« Wenn ich dann vorschlug, sie sollte Katja zu Hause lassen, um richtig unbeschwert spielen zu können – ohne ihre Schwester an der Hand halten und auf sie aufpassen zu müssen, was zum Beispiel beim Versteckspiel große Nachteile mit sich brachte –, dann lehnte sie das fast immer ab und ertrug Zurückweisungen eher, als daß sie Katja im Stich gelassen hätte.

So wurde sie für ihre Schwester während der fast zwanzig Jahre, die die beiden bei uns zusammen aufwuchsen, das Tor zur Welt. Auch als Studentin holte sie sie nach Köln, machte Musicals ausfindig, in denen Katja ungestört zappeln und laut singen konnte, feierte mit ihr Silvester und Karneval und wurde mit ihr zu Studentenfeten eingeladen.

Erst in den letzten Jahren haben wir es mehr und mehr übernommen, übernehmen müssen, Katja Kontakte zu Jugendlichen zu ermöglichen, weil Pami inzwischen selbst Familie hat. Wir finden das anregend, aber auch anstrengend.

Jedenfalls nahm Pami einfach schon immer Anteil an allem, was ihre Schwester betraf. Ihr gelang es am ehesten, sie zu beruhigen, wenn sie schrie und schrie.

Als Katja laufen konnte, schafften wir uns auch Schafe an. Sie gewöhnte sich schnell an die friedlichen Mitbewohner der Obstwiese und konnte so ihre Angst vor anderen Tieren nach und nach abbauen.

Schrecklich lange blieb ihre Angst vor Menschen. Die ersten Familienfeste überstand sie nur auf dem Arm ihres Papas, stundenlang an seiner Schulter festgeklammert, das Gesicht versteckt. In unserem Haus und Garten spielten täglich jedoch viele Kinder – wir gaben uns Mühe, daß sie gerne kamen –, und Katja gewann auch hier mehr Gelassenheit und Neugier.

Zumindest hatte ich damals den Eindruck, daß dieser ständige Kontakt ihr guttat. Für mich war damit viel Arbeit verbunden: Die Körper-Therapie mußte mehrmals täglich durchgeführt werden und kostete wegen Katjas für mich fast unerträglichem Geschrei viel Kraft, und wenn zusätzlich die vielen Kinder durch Haus und Garten tobten, fiel auch mehr Putzarbeit an. Trotzdem dachte ich, daß ich das Richtige für sie täte.

Als die Vojta-Therapie beendet war, suchten wir in der näheren Umgebung unseres Wohnortes Hilfe, bekamen jedoch keine. Schließlich, nach einem Dreivierteljahr Wartezeit, übernahm das Kinderzentrum in München unsere Betreuung. Hier und auch von anderen Therapeuten wurde uns immer wieder gesagt, Katja sei schwer geistig behindert. Ich erinnere mich noch gut an Kommentare wie: »Nur, weil sie Lehrerin sind, wissen Sie das auch nicht besser.« Oder: »Ja, vielleicht klingt es eleganter, sagen zu können: Mein Kind ist autistisch.«

Katja wurde in den Sonderkindergarten für geistig Behinderte aufgenommen, dann in die Sonderschule für geistig Behinderte des Kreises Heinsberg, in die Rurtalschule, eingewiesen. Auch dort hatte ich den Eindruck, mit meinem Anliegen, sie sei autistisch und brauche deshalb auch Einzelförderung, nur lästig zu werden.

Oft fühlte ich mich unsicher, im Stich gelassen, einsam. Meine Verunsicherung wurde quälend dadurch, daß ich mit der Einschätzung, Katja sei autistisch, fast allein dastand.

Außerdem hatte ich viel Arbeit. Katja mußte bis zum elften Lebensjahr Windeln tragen. Sie brauchte fast in allen Lebenbereichen Hilfe.

Zu diesen Alltagsbelastungen kamen ihre nicht gerade erholsamen Verhaltensweisen. Mancher Einkauf mit ihr im Supermarkt wurde so zum Spießrutenlaufen, ein sommerlicher Besuch im Freibad endete fast mit einem Fiasko: Mit Pami und Katja fuhr ich einmal zum »Effelder Waldsee«. Katja lebte gerade einen ihrer »Ticks« aus, einen, den ich schon fast nicht mehr bemerkte, bis daß ich neben uns auf der Wiese hörte: »Guck mal! Die arme Frau mit dat verrückte Kind!« Meine Tagesverfassung war sowieso nicht gut. Wütend und traurig packte ich unsere Sachen zusammen, tröstete Pamchen, die natürlich lieber noch am Waldsee geblieben wäre, und saß endlich mit beiden Töchtern wieder im Auto. Auf dem Heimweg heulte ich beim Fahren, bis ich im Rückspiegel entdeckte, wie Katja, im Freibad von mir hastig angezogen, ihre inzwischen mit kompaktem Inhalt gefüllte Windel aus der Hose gezogen hatte und deren Inhalt zermatschte. Fast hätte ich einen Auffahrunfall verschuldet.

Wirklich verstanden fühlte ich mich fast nur bei den Eltern anderer behinderter Kinder. Doch Katjas Verhaltenszwänge waren oft so extrem, daß selbst in den Schulmitwirkungsgremien meine Not und meine Wünsche nur schwer Gehör fanden. So war sie einmal mit Pamchen zu Bekannten eingeladen. Ein Sohn der Familie hat das Down-Syndrom (Mongolismus), mit einer Tochter hatte Pami sich angefreundet. Nachdem unsere Töchter dort einen Nachmittag verbracht hatten, sagte der Vater mir, nun wüßte er erst, wovon ich in den Schulpflegschaftssitzungen redete. Er hätte mit seinem behinderten Sohn vergleichsweise geringe Schwierigkeiten im alltäglichen Zusammenleben.

Ich dachte damals häufig, daß die Sonderschule für geistig Behinderte eine gute Schule für Kinder wie diesen Jungen sei, jedoch nicht das Richtige für Katja.

Wie sehr unsere Tochter in der Sonderschule litt, wie wenig sie dort gefördert wurde, habe ich zum Teil geahnt, zum Teil jedoch auch weggeschoben, weil ich überhaupt keine Alternative zu dieser Schule sah und weil Katja zu Hause nichts erzählen konnte. Trotz ständiger Sprachtherapie entwickelte sich ihre gesprochene Sprache nur ganz mühsam.

Vieles, was dort schiefgelaufen ist, findet vielleicht seine Erklärung darin, daß sie gar nicht auf diese Schule gehört hätte. Sie war nicht geistig behindert, sondern hochintelligent! Nur wußten wir das damals noch nicht. Diese katastrophal falsche Weichenstellung teilt sie sicher mit bedrückend vielen Autisten.

Für einiges an Menschlichkeit, an praktischer

Hilfe, bin ich der Schule sehr dankbar. Vieles sehe ich jedoch noch heute, nachdem Katja die Schule nicht mehr besucht, mit großer Traurigkeit.

Ich habe dort das Kämpfen gelernt. Sicher war ich oft ungeschickt, doch habe ich mich gewehrt und dabei viel Ohnmachtsgefühle und Demütigungen verkraften müssen. Einerseits fand ich als Lehrerin leichter Gehör, andererseits wurde mir jedoch oft mehr oder weniger unverhohlen vorgeworfen, daß ich meinen Aufgaben als Mutter gar nicht nachkommen könne, daß meine Berufstätigkeit mit der privaten Belastung nicht vereinbar sei. Deshalb war ich immer besonders dankbar, wenn ich bei Organisationsproblemen in der Schule Hilfe fand.

Zweimal hatte ich für jeweils drei Jahre die Arbeit als Lehrerin am Gymnasium unterbrochen wegen unserer Kinder. Jedesmal war ich, wenn ich wieder in der Schule zu unterrichten anfing, sehr froh darüber, jedoch auch ängstlich, weil ich mich dann wieder einarbeiten mußte. Mir fehlte durch die Pausen und durch die Tatsache, daß ich nur mit halber Stundenzahl arbeitete, die Routine. Einen Leistungskurs bis zum Abitur zu unterrichten, bedeutete für mich deshalb extrem viel Arbeit. Ich engagierte mich sehr, wurde dabei jedoch oft für bequem und egoistisch gehalten. Das setzte mir zu.

Hier einige Beispiele: Ein Kollege, dem ich bei der

Verteilung der Klassen ganz einfach ins Gehege gekommen war, meinte zu meiner mangelnden Bereitschaft, ihm eine für meinen Teilzeitstundenplan sehr günstige Klasse zu überlassen: »So bedauerlich Ihre private Situation auch ist, Sie dürfen sie nicht auf dem Rücken des Kollegiums austragen.« Mit seiner Vollzeitbeschäftigung war er von der Unterrichtsverteilung viel weniger abhängig als ich. Er legte mir dann auch noch nahe, daß ich mit dreißig Mittelstufenschülern wegen meiner häuslichen Situation sowieso nicht klarkommen könne. Hinterher erfuhr ich, daß in dieser Klasse einige Kinder aus seinem Bekanntenkreis saßen. Die Unehrlichkeit seiner Argumentation tat mir weh. Die Kinder haben sich auf jeden Fall an mich gewöhnt. Auch die Nachbarn übten Druck aus. Unser völlig verwilderter Garten wurde als meine Aufgabe angesehen. Ich bekam zu hören: »Das könnte ich nicht, zu Hause alles verschlampen lassen, nur um arbeiten zu gehen.«

Einmal, als ich beim nachbarschaftlichen Kaffeeklatsch saß, war mein Mann zu sehen, der Katja von der Schule abgeholt hatte und nun mit unseren beiden Töchtern ins Haus ging. Eine Nachbarin sagte: »Dat is auch ene ärm Minsch!«

Viele Einladungen habe ich ausgeschlagen, weil es für uns durch Katjas Hilflosigkeit schwer war, die Kinder überhaupt zu Hause zu lassen. Zwar konnte ich inzwischen gut organisieren, hatte jedoch oft einfach keine Energie mehr. Es tat mir dann weh, wenn meine Freundin meine Absage mit den Worten kommentierte: »Wo ein Wille ist, ist auch ein Weg.«

Fast niemandem konnte ich es recht machen. Zum Glück hatte ich auch kaum das Bedürfnis. Und abgesehen von diesen Spitzen muß ich auch sagen, daß ich mich bei Nachbarinnen, Freundinnen und im Kollegium meistens wohl gefühlt habe. Nur dachte ich bisweilen, daß immer nur ein Teil von mir verstanden werde und daß es wohl auch nicht anders gehe. Die berufstätige Mutter eines afrodeutschen und eines behinderten Kindes im Dorf in einem Haus mit ungepflegtem Garten bot ganz offensichtlich viel Angriffsfläche. Es dauerte lange, bis ich auf Frauen unter ähnlichen Bedingungen und auf tiefes Verständnis traf.

Jedenfalls war mir meine Arbeit am Gymnasium wichtig, um den Frust zu verkraften.

Einzuschüchtern war ich wohl nicht, wohl aber zu beeinflussen. Ein Lehrer der Sonderschule, zu dem wir großes Vertrauen hatten, sagte mir einmal, daß ich in seinem Kollegium als Synonym für eine schwierige Mutter gehandelt wurde. Darauf war ich nicht stolz, doch lieber wollte ich weiter schwierig sein, als hinzunehmen, daß Katja offensichtlich kaum Fortschritte machte in den Bereichen, die an einer solchen Schule normalerweise gefördert werden: Katja lernte nicht, sich ein Brot zu schmieren, sich den Mund abzuwischen, sich allein anzuziehen, allein zur Toilette zu gehen ...

Immer wieder wies ich darauf hin, daß sie in den sechs Wochen Sommerferien mehr Fortschritte machte als während eines Schuljahres in der Schule. Ich erntete Achselzucken, Grinsen, Ablehnung und Angst durch meine Versuche, etwas mehr integrierten Unterricht mit nicht behinderten Kindern zu bewirken. Heute gibt es ihn. Damals bin ich mit dem Kopf gegen die Wand gerannt.

Nach manchen Schulpflegschaftssitzungen schlief ich sehr schlecht, wollte jedoch auch nicht aufgeben, um wenigstens folgendes für Katja an ihrer Schule tun zu können: Uns bemerkbar machen, weil ich den Eindruck und auch von Zivildienstleistenden die Information hatte, daß Katja aus ihrer Passivität, aus ihrem Nischendasein nicht herausgeholt würde.

Und doch gab es auch Belastungen, die mir Angst machten, bald keine Kraft mehr zu haben. Zum Beispiel war »Pinkeln« für Katja eine Art Protest gegen ihre Situation. Sie hatte zwei solche Phasen innerhalb mehrerer Jahre. Beide Male war ich ziemlich fertig. Ich stand fast allein da mit meiner Überzeugung, ihr unkontrolliertes Einnässen – nur am Tage, nachts blieb das Bett trocken – sei seelisch bedingt. Ich war die faule Mutter, die nicht mit ihrem Kind zum Arzt ging. Und das vermied ich in der Tat gerne: Jeder Arztbesuch mit Katja war äußerst anstrengend. Sie ließ sich kaum untersuchen oder behandeln. Zahnplomben mußten und müssen zum Beispiel unter Vollnarkose gemacht werden. Beim Röntgen ist es schwierig, sie überhaupt in die richtige Position zu bringen. Während der Röntgenaufnahme bleibe ich bei ihr.

Nun war ich ja auch in ihrer Pinkelphase überzeugt, es läge kein organisches Leiden vor. Doch die ständige Defensive nahm mich mit. Außerdem hatte ich viel Arbeit durch die Berge urinhaltiger Wäsche, durch das Abwaschen der Möbel, das Reinigen der Fußböden usw. Fast nahm ich es während der ersten Phase meinem Kind übel, daß es bis zum Nachmittag in der Schule zur Toilette ging, zu Hause dann jedoch seinen Überflutungskünsten freien Lauf ließ.

Der einzige Mensch, der damals meine abwartende Ratlosigkeit teilte und verstand, war Pamela. Als die Theorie von der Blasenreizung medizinisch entkräftet war, gab man mir trotzdem hier und da mehr oder weniger ausgesprochen die Schuld: Ich hatte zu wenig Zeit, zu wenig Wärme, war zu nervös ...

Nervös war ich wirklich, als wir unsere Reise in die Provence antraten und nicht wußten, ob sie nicht durch Katja ins Wasser fallen würde. Im Kofferraum hatte ich einen Stapel frischer Schlüpfer bereitgelegt und mehrere Jeans.

Katja fuhr jedoch »trocken« bis Südburgund, wollte auch nicht unterwegs zu einer Autobahntoilette, sondern harrte die sieben Stunden bis zum Hotel aus. Auch während der Ferien in Südfrankreich blieb sie ein Schatz, obwohl wir uns – es war März – beim Picknick das eine oder andere Mal einen kalten Po holten, so daß wir sie gut hätten verstehen können. Allmählich ließ mein innerer Druck nach. Ich nahm mir vor, Katjas Sprachtherapie wieder intensiver anzugehen, weil es gerade in solchen extremen Situationen besonders schlimm für mich war, daß sie nichts erzählen, nichts erklären konnte.

Gegen Ende der Ferien sprach sie immer wieder von einer ihrer Lehrerinnen. Da fragte ich mich: »Woher weiß sie, daß wir bald nach Hause fahren?« Wir redeten absichtlich nicht davon, weil wir gerne länger geblieben wären. Niemand außer ihr wußte ja damals, daß sie bereits Kalender und Zeitungen lesen und die französischen Rundfunk- und Fernsehnachrichten verstehen konnte. Katja sagte wiederholt: »Gisela sauer!« (Der Name der Lehrerin ist hier geändert.) Nun fiel mir ein, daß mir Wochen vor den Osterferien, als ich unser Kind einmal von der Schule abholte, ein Klassenkamerad berichtet hatte: »Katja war heute sehr böse!« Ich war in Eile, hakte nicht nach und hatte es später vergessen. Mir war auch nicht aufgefallen, daß Katjas Pipiorgien direkt danach eingesetzt hatten.

Jetzt fiel es mir auf, und ich sprach Gisela, eine sehr umgängliche Lehrerin, darauf an. Sie war hochschwanger. Vor den Ferien hatte sie lange alleine mit ihrer Klasse zurechtkommen müssen, weil ihr Kollege im Team krank war. Da Katja nichts erzählen konnte, erfuhr ich von solchen Widrigkeiten manchmal nichts, manchmal erst später durch andere Eltern. Gisela berichtete mir nun, niedergedrückt, sie wäre an einem Tag völlig allein mit den Kindern gewesen, auch ohne Zivildienstleistenden, und hätte Katja deshalb nicht zur Toilette begleiten können. Als Katja bis zur Taille verschmiert und stinkend zurückgekommen sei, habe sie die Beherrschung verloren und sie fürchterlich angebrüllt. Ich konnte die Lehrerin gut verstehen.

Nur gab es das offiziell gar nicht an der Rurtalschule, daß eine Lehrkraft allein in einer Klasse unterrichtete. Mir wäre durch eine bessere Informationsbereitschaft einiges erspart worden.

Die zweite Pinkelphase war noch schlimmer. Jedoch hatte ich dieses Mal mehr Sicherheit, wenn ich mit Hinweisen auf Blasenentzündung und ähnliches konfrontiert wurde. Trotzdem war ich einmal abends, als Katja in langen Unterhosen meines Mannes im Haus herumlaufen mußte, weil sie all ihre langen Hosen, Schlafanzughosen, Leggings naß gemacht hatte, so fertig, daß ich Katja sogar geschlagen habe.

Unter so verrückten Umständen war die Arbeit im Gymnasium für mich ein Geichgewicht schenkendes und mich disziplinierendes Stück Normalität.

In der dritten Phase, der schlimmsten, bin ich noch merklicher an meine Grenzen gestoßen. Es heißt immer, autistische Menschen brauchten feste Strukturen, um sich sicher zu fühlen, einen geregelten Tagesrhythmus, möglichst ihre gewohnte Umgebung usw. Doch Katja brachte plötzlich alles durcheinander: Nachts polterte sie im Haus herum und war voller Unruhe, tags ging sie zur Schule, benahm sich dort wohl nicht auffällig, fing jedoch, sobald sie zu Hause war, an, Möbel zu verrücken. Sie konnte nicht anders. Wir lebten in einer äußerlich verrückten Welt. Nur noch die Schrankwand im Wohnzimmer blieb an ihrem Platz, weil sie zu schwer war. Katja entwickelte, als wir noch nicht begriffen hatten, daß sie unter Zwang handelte, und ihr mit Gewalt Einhalt zu gebieten versuchten, solche Kräfte, daß nicht einmal mein Mann sie zurückhalten konnte.

Besonders mir fiel es schwer, so zu wohnen. Ich wußte ja nicht, daß das Verhalten nach knapp zwei Wochen so verschwinden würde, wie es gekommen war. Ich versuchte mir einzureden, daß ich das Chaos liebte, doch es gelang mir nicht so richtig.

Als es vorbei war, habe ich Katja für eine Wohngruppe der Lebenshilfe angemeldet. Die Wartezeit
würde ohnehin ca. zehn Jahre betragen, hatten mir
andere Eltern gesagt, und ich hatte Angst bekommen, überhaupt nicht mehr durchzuhalten und
mein Kind hastig weggeben zu müssen, ohne Wahl-
möglichkeiten, ohne gleitende Übergänge.
Inzwischen hatte ich akzeptiert, daß Katja schwer
geistig behindert war, oder besser: Ich hatte aufge-
hört, mich gegen diese Diagnose zu wehren, ohne
ganz von ihr überzeugt zu sein.

DER VERHÄNGNISVOLLE IRRTUM

Warum nur habe ich Katjas Sprachtherapeutin und Lehrerin Maria nicht schon 1994 geglaubt, als sie mir sagte, Katja sei nicht geistig behindert, sondern sehr intelligent? Veröffentlichungen über gestützte Kommunikation hatte ich damals weggelegt in der Annahme, auf uns träfe das nicht zu. In den vergangenen Jahren, die mein äußeres Leben nicht offensichtlich, mein inneres jedoch einschneidend verändert haben, bin ich des öfteren gefragt worden, wie mir dieser fürchterliche Irrtum passieren konnte, mir, der Mutter. Am allermeisten plagte diese Frage mich selbst!

Wenn ich nun einiges berichte, was mich dazu gebracht hat, mich letztlich mit der Diagnose »geistige Behinderung« abzufinden, dann nicht, weil ich die Defensive, in der ich mich oft fühle, nicht aushielte oder weil ich Sündenböcke zu meiner Entlastung suche, sondern weil es für Katja und für uns, ihre Familie, wohltuend wäre, wenn das, was sie hat durchmachen müssen und noch durchmacht, anderen Autisten erspart bliebe. Ganz tief

hatten wir wahrscheinlich alle Angst, an das Un-
geheuerliche zu glauben und dann enttäuscht zu
werden.

Über die Diagnosen aus Katjas Babyzeit habe ich
berichtet. Hier nun einige Beispiele der folgenden
ca. zweiundzwanzig Jahre, die mich schließlich
glauben ließen, nicht ich hätte recht, sondern eben
die anderen, die Spezialisten.

Mitte der siebziger Jahre fuhren wir mit Katja
regelmäßig zum Kinderzentrum in München.
Das sie dort behandelnde Team aus Ärztinnen,
Sprachtherapeutinnen, Beschäftigungstherapeutin-
nen usw. stellte im Einklang mit dem damaligen
Leiter des Zentrums immer wieder die Diagnose
»Oligophrenie mit autistischen Zügen« (Oligo-
phrenie = hier im frühen Kindesalter erworbener
Schwachsinn).

Später bekam Katja auf unsere Veranlassung zu
Hause Sprachtherapie. Der Therapeut merkte in
unserem ersten Gespräch, daß ich mein Kind wohl
nicht für geistig behindert hielt, und meinte, mir
sagen zu müssen, da sei etwas im Gesicht, was auf
eine geistige Behinderung schließen ließe.

Als Katja den Sonderkindergarten besuchte und
dann die Rurtalschule, wurde ich immer wieder
von ihren Erzieherinnen und Lehrerinnen belehrt,
sie sei nicht autistisch, weil sie doch auf andere
Menschen zugehe. Sie sei eben einfach geistig behindert.

Später fuhren mein Mann, Katja, Maria, die damals als Sprachtherapeutin in unser Haus kam, und ich nach Münster zum Institut von Prof. Dr. Kehrer, um uns die Autismusdiagnose noch einmal von einem renommierten Spezialisten schwarz auf weiß geben zu lassen. Das änderte jedoch für Katjas schulische Situation nichts.

Ihr Verhalten, oft ihr Gesichtsausdruck, die Art, wie sie sich beschäftigte bzw. für uns wahrnehmbar überhaupt nicht beschäftigte, ihre feinmotorische Hilflosigkeit usw. ließen sie geistig behindert wirken. Maria und ich waren zu dem Schluß gekommen, daß Katja viel mehr in sich hätte, als sie »herauslassen« könne, daß jedoch eine – geistige? – Behinderung vorliege.

Und trotzdem hatte es Signale dafür gegeben, daß ein Irrtum unser Leben gestaltete, daß da etwas anderes in Katja existierte, was herauswollte. Es waren nur einige wenige Zeichen, die wie aus einer anderen Welt kamen, die wir nicht einordnen konnten, die aufblitzten und wieder verschwanden hinter den beständigen Anzeichen von Hilflosigkeit und geistiger Schwäche.

Als Katja zum ersten Mal ihre Tage bekam, sprach sie von sich selbst immer nur in der dritten Person. »Ich möchte spazierengehen« hieß zum Beispiel bei ihr: »Gaga (Katja) tatafiere.« Nun hatte sie also ihre Periode recht heftig, und wir bekamen in einer engen, unsauberen Toilettenkabine der

Autobahnraststätte unsere liebe Not miteinander, bis sie sich wieder frischer fühlen konnte. Als wir zurück an den Tisch kamen, an dem mein Mann und Pami auf uns warteten, stöhnte ich: »Das finde ich ungerecht, daß so ein Riesenbaby seine Tage kriegen muß!« Katja sagte deutlich: »Bin kein Baby!«

Was muß sie empfunden haben, als, nachdem sie ihre ganze Energie konzentriert hatte, um solch einen Satz klar herauszubringen, keine Änderung in unserem Verhalten, in unserem Bild von ihr eintrat: Wir hatten es gehört, redeten noch ab und zu darüber, dann ging es aber irgendwann im für uns ohnehin nicht einfachen Alltagsleben unter.

Ein weiteres Signal: Wir waren in Frankreich auf einer Rückreise in demselben Restaurant gelandet wie auf der Hinfahrt. Und, wie ich bereits berichtet habe, sind Restaurantbesuche für uns eher anstrengend, weil Aufsehen erregende Veranstaltungen. Durch unsere Tochter werden wir oft wiedererkannt, zumal wir für sie auch darum bitten müssen, daß uns da, wo normalerweise nur ein Plumpsklo für die Gäste zur Verfügung steht, eine Toilette zum Hinsetzen aufgeschlossen wird, nicht selten die private. So auch in diesem Restaurant. Wir wurden beim zweiten Besuch so verwöhnt, daß wir schon den Hauptgang des Menüs nicht ganz schafften und etwas auf den Platten liegen lassen mußten. Die nette Bedienung fragte daraufhin: »Vous voulez du fromage?« (Möchten Sie Käse?) Katja schrie empört: »Nein, will ich nicht, Käse!« Wir erklärten uns die Reaktion damit, daß sie eben die typische Menüabfolge in Frankreich kenne und das Wort fromage wahrscheinlich auch. Daß sie sich zu diesem Zeitpunkt schon längst Französisch beigebracht hatte, hätten wir nicht geglaubt.

Das letzte Zeichen: Ich hatte auf unseren Spaziergängen Katja alles, was unterwegs auf den Schildern stand, immer wieder vorgelesen und ihr zu Hause Blätter mit diesen Ortsteil- und Straßennamen usw. angefertigt für passive und aktive Sprechübungen. Eines Tages gingen wir einen ungewohnten Weg und liefen an einer größeren Kreuzung auf ein Schild mit mehreren Hinweisen zu. Ich fragte Katja, was auf dem Schild stehe. Das einzige dort angeführte Wort, das ich mit ihr lesen und sprechen geübt hatte, war Heinsberg. Sie antwortete aber »Kankehaus«. Bis auf eine Freundin und Pami glaubte mir das niemand.

Ich übte zu einer Zeit mit Katja Schilder entziffern, als sie schon längst unsere Bücher lesen konnte und sich Latein, Englisch, Französisch und noch mehr beigebracht hatte.

Wie viele Autisten, die nicht, wie Katja, entdeckt werden, müssen für sie völlig unangemessene Lebensumstände ertragen, vielleicht auch regelmäßig die »Chemokeule« aushalten, weil sie gegen ihr Verkanntwerden, ihre erzwungene Stummheit auf ihre Weise rebellieren und aggressiv werden?

Als Maria mir sagte, mein Kind sei intelligent, und sie habe mit ihr nach der Methode der gestützten Kommunikation gearbeitet, konnte ich es erst nicht glauben. Ich bin Katja sehr dankbar, daß sie sich, sobald Maria und sie meinem Mann und mir diese Methode und die Fähigkeit zur Kommunikation gezeigt hatten, sofort auch von mir hat stützen lassen. Trotz all unserer Widerstände. Das war Ende Mai 1995.

Die gestützte Kommunikation wird meist mit FC abgekürzt, Facilitated Communication. Sie basiert darauf, daß man Menschen, die bisher wenig oder überhaupt nicht zu sprachlichen Äußerungen in der Lage waren und feinmotorisch meist mehr oder weniger stark behindert sind, an Hand, Arm, Ellbogen oder Schulter stützt. Sie berühren nun mit ihrem Zeigefinger Buchstaben. So setzen sie Buchstabe für Buchstabe Wörter, Sätze, Texte zusammen, die ihre Gedanken wiedergeben. Dazu verwendet man eine beliebige Buchstabentabelle, eine Schreibmaschine, einen Computer oder ähnliches. Ziel dieser Methode ist es vor allem, die Kommunikation zu anderen Menschen zu ermöglichen. Der FC-Anwender kann ohne diese Methode das, was er denkt, meist gar nicht oder nur bis zur Unkenntlichkeit entstellt, in Sprache umsetzen. Erst das Stützen bewirkt eine motorische Minimalkontrolle, die es ermöglicht, einen Buchstaben auf einer Tabelle zu berühren oder auf einer Tastatur anzutippen.

Zu unterscheiden ist bei FC zwischen der psychischen und der physischen Stütze. Die stützende Person muß Bereitschaft zeigen, etwas anzuerkennen, was ihren bisherigen Vorstellungen von Kommunikation nicht entspricht, sie muß Akzeptanz gegenüber dem Unbekannten haben und Respekt gegenüber dem zu stützenden Menschen. Vertrauen, Verständnis und der Glaube an die zu stützende Person und an die Methode sind am wichtigsten, weil ohne diese Voraussetzungen die gestützte Person ihrerseits kein Vertrauen aufbauen kann. Sie braucht einen Menschen, der an sie glaubt, und nicht einen, der ihrem Wissen, ihren Fähigkeiten und ihrem Können negativ gegenübersteht.

Durch die physische Stütze werden neurologisch bedingte Probleme kompensiert. Die Berührung ist Voraussetzung für das gezielte Bewegen der Hand, da durch diese Berührung eine bessere oberflächen- und tiefensensible Wahrnehmung stattfindet. Der Stützer verhilft so zu motorischer Kontrolle.

Die psychische und die physische Stütze sind ausschlaggebend für das Gelingen von FC. Durch die physische Stütze wird dem Körper dazu verholfen, sich orientieren zu können, während die psychi-

sche Stütze die Person ermutigt, die Handbewe-
gung zu vollziehen, und sie immer wieder auf-
fordert, die ihr jahre- oder, wie bei Katja, jahr-
zehntelang versagt gebliebene Kommunikation zu
haben, endlich zu zeigen und herauszulassen, wer
sie ist.*

---

* Den Ausführungen über die gestützte Kommunikation liegen folgende Untersuchungen zugrunde:
Judth, Waltraud: Facilitated Communication – Unterstützte Kommunikation. Eine einführende Bestandsaufnahme. In: Autismus, hrsg. v.
Bundesverband »Hilfe für das autistische Kind«, Nr. 32, 1991, S. 2–4.
Nagy, Christiane: Einführung in die Methode der gestützten Kommunikation (Facilitated Communication/FC), hrg. v. »Hilfe für das autistische Kind«, Regionalverband München, München 1993.

DAS NEUE KENNENLERNEN

Maria war gegen Abend gegangen. Katja legte sich, nachdem wir mit der Buchstabentabelle ein kurzes Gespräch geführt hatten, aufs Bett. Ich legte mich zu ihr. Zu diesem Zeitpunkt berührte sie fast nichts mit den Fingerspitzen, sondern spontan nur mit dem Handteller. Außerdem sprach sie weder »ja« noch »nein« in Mundsprache klar aus, so daß wir meistens nur mühsam verstanden, was sie meinte. Als ich nun neben ihr lag, fragte ich sie: »Bist du mir böse?« Sie streichelte mein Gesicht mit den Fingerspitzen und sagte: »Nein.«

Unsere beiden Töchter zu bekommen, hatte ich für den bedeutendsten Einschnitt in meinem Leben gehalten. Das war 1970 und 1971. Daß ich 1995 Katja durch FC neu entdecken konnte, war die zweite große Zäsur. Ich entdecke mein Kind immer noch neu. Zum Teil ist es, als ob sie noch einmal und ganz anders geboren wäre.

Ich habe mich fürchterlich vor ihr geschämt. Meine Tochter war einfühlsam, witzig, schlagfertig, unglaublich gebildet, voller Sehnsucht nach Anerkennung, und ich hatte vierundzwanzig Jahre lang dazu beigetragen, daß sie ganz am Rande stehen mußte und nicht wußte, ob dieser ihr Wesen entwürdigende Zustand totaler Verkennung nicht erst mit ihrem Tod beendet sein würde.

Lange habe ich seitdem abwechselnd Euphorie, Trauer, Scham, Wut, Bitterkeit, Glück, Angst, Unsicherheit, Dankbarkeit empfunden. Mein Leben hat sich äußerlich kaum verändert. Ich unterrichte noch immer am Gymnasium mit halber Stundenzahl. Weil Katja und ich jedoch jetzt noch mehr Zeit miteinander verbringen als vor dem Mai 1995 und ich ihr Hauptstützer beim FC bin, wird die Doppelbelastung immer mehr zum Drahtseilakt.

Doch habe ich eine andere Verantwortlichkeit als früher. Katjas Zukunftsperspektive in einer Wohngruppe der Lebenshilfe ist hinfällig geworden. Wir wissen nicht, wann wir uns trennen werden. Ihre Angst vor einem Leben ohne uns, von dem sie fürchtet, daß es sie noch einmal ihrer Würde berauben könnte, setzt mir sehr zu. Eine Zeitlang hat es mich auch zermürbt, daß ich, wenn ich mich ausgelaugt fühlte, mich nicht mehr mit dem Gedanken hochreißen konnte: »Wenn ich erst sechzig bin, fetze ich noch einmal richtig los!« Es war mir zum Glück möglich zu lernen, mein Hier und Jetzt besser zu gestalten und zu genießen. In regelmäßigen Abständen tu ich etwas allein, was mir Spaß macht, und ziemlich erbarmungslos nehme ich es mir zum verabredeten und vororganisierten Termin. Katja und mein Mann unterstützen mich darin. Ich freue mich jetzt viel intensiver als früher.

Meine Berufseinstellung hat sich verändert: Noch ungerner als früher versehe ich Schüler mit einer Note. Ihre sogenannte soziale Kompetenz zu beeinflussen ist mir genauso wichtig geworden wie die Vermittlung von Kenntnissen in meinen Fächern.

Auf der anderen Seite denke ich oft, daß ihnen etwas selbstverständlich angeboten wird, wonach sich die meisten hochbegabten Autisten sehnen, wofür sie und ihre Helfer extreme Anstrengungen auf sich nehmen müssen. Das Bewußtsein, welche Privilegien Gymnasiasten genießen, verhilft mir ihnen gegenüber zu mehr Konsequenz.

Die Schüler konnte ich dadurch, daß Katja erste Integrationsversuche in meinem Unterricht machte – es bot sich organisatorisch an, wir empfanden es jedoch beide als eine Notlösung –, von einer sehr menschlichen Seite kennenlernen, auch die Mittelstufenschüler, bei denen ich sonst doch oft eher auf der Hut gewesen war. Das hat mir auch den anderen Klassen gegenüber, die mit Katja gar nicht in Kontakt sind, eine größere Gelassenheit und ein anderes Vertrauen vermittelt. Ich habe unter einem Höchstmaß an eigener emotionaler Beteiligung und Verletzlichkeit die Erfahrung machen können, wie hilfsbereit ohne Theatralik, neugierig ohne

Sensationslust und engagiert ohne Berechnung Jugendliche sein können. Auf die Arbeit mit ihnen zu verzichten, würde mir schwerfallen.

Katja ist nun, seitdem die Rurtalschule ihr nicht mehr als Refugium und Ausgleich für den Integrationsstreß am Gymnasium dienen kann und sie die einzige Alternative, die sich hier böte, abgelehnt hat, nämlich sich in der beschützenden Werkstatt der Lebenshilfe aufzuhalten und dort monotone Arbeiten zu verrichten, sehr viel mehr zu Hause als früher. Das heißt, daß ich kaum noch davon ausgehen kann, zu bestimmten Zeiten am Schreibtisch meine Ruhe zu haben.

Selbst vormittags geht das nicht, weil sie sich manchmal im Gymnasium so verhält, daß sie mit ihrem Zivi nach Hause gehen muß. So werde ich, im Beruf als alter Hase angesehen, im Kollegium inzwischen bei den Grauen Panthern, noch einmal mit Schwierigkeiten konfrontiert, wie sie junge berufstätige Mütter haben, nur daß ich nicht weiß, ob es in ein paar Jahren leichter sein wird.

Wenn Katja in ihren schlechten Phasen fast ständig bei mir ist und von Depressionen gequält wird, fände ich es wohltuend, selbst einmal so richtig zu weinen. Doch in ihrer Gegenwart unterdrücke ich das möglichst, und da ihr Gehör so völlig anormal gut ist, kann ich mir im Haus überhaupt keine erleichternde kleine Heulerei leisten. Einmal habe ich mich dabei ertappt, wie ich, bevor ich nachmittags noch zu einer Konferenz fahren mußte, vor mich hinmurmelte: »Ab Hückelhoven-Ost ist die Autobahn leerer. Dann wein ich los.«

Unser Leben, so wie es jetzt strukturiert ist, lebt sich leicht oder zermürbend abhängig von den Zivildienstleistenden, die Katja zum Gymnasium begleiten: Dort müssen sie ein Gespür dafür entwickeln, wann sie mit unserer oft ihr Unbehagen durch Lärmrituale bekämpfenden »Wuchtbrumme« besser den Kursraum verlassen. Sie müssen mit ihr hier im Haus klarkommen, wenn sie durch die Verhaltenszwänge, die sie ihre »Giftattacken« nennt, oder aus organisatorischen Gründen (Klausuren, Wandertage etc.) am Unterricht nicht teilnehmen kann.

Sie müssen sich mit ihr verständigen. Zwei von ihnen haben es geschafft, sie zu stützen. Wir finden, daß beide für uns Glücksfälle waren und sind. Hoffentlich geht es so weiter.

Die Konstruktion unseres Alltagsgebäudes ist wackelig. Wird unsere Haushilfe krank oder der Zivi oder einer von uns dreien, gibt es große Probleme.

Zum Glück werde ich ganz selten so krank, daß ich mich hinlegen muß. Meinem Mann geht es genauso. Wir achten wohl beide, seitdem wir immer stärker eingespannt werden – Katja holt inzwischen an der Volkshochschule erst einmal die Fachoberschulreife nach, und zu den Kursen begleitet sie ihr im Gegensatz zu mir voll berufstätiger Papa –, bewußter auf Erholungsphasen: Sonntags und in den Ferien unternehmen wir mit Katja lange Wanderungen.

Ohne sie haben wir nun schon jahrelang höchstens einmal stundenweise etwas machen können. Das ist nicht ehefreundlich, doch wir gehen unseren Weg gemeinsam.

Vor 1995 gab mir die relative Berechenbarkeit – oder das, was ich für Berechenbarkeit hielt – unserer Lebenssituation Ruhe. Meine Erfahrung, daß Katjas Realität eine existentiell andere gewesen war, als ich geglaubt hatte, daß meine Sicht ihrer Realität ihr sehr weh getan hatte, daß ihre Sicht mein Wirklichkeitsgefüge demontiert und neu zusammensetzt, daß der Austausch mit ihr unsere Blickrichtungen immer wieder zu Neuorientierungen zwingt, war eine Erdbebenerfahrung bis ins Fundament.

Erst allmählich, nach drei Jahren, merke ich, daß unser ungenormtes Leben, unsere Zukunftsunsicherheit – wohin soll Katja, wenn uns die Kräfte ausgehen? – mir Energie geben.

Mit diesem Gewinn wurde ich zum ersten Mal konfrontiert, als im Herbst 1995 unser Wohnhaus abbrannte. Katja und ich waren, als das Feuer ausbrach, im Haus gewesen und noch gut herausgekommen. Nachbarn nahmen uns bei sich auf. In den folgenden Monaten erfuhren wir eine Hilfsbereitschaft, die uns in dem ganzen Wirrwarr handlungsfähig hielt. Für mich aber war das tägliche FC-Gespräch mit meiner Tochter, waren die immer neuen Entdeckungen ihres enormen Wissens, ihrer Sensibilität, ihres Humors und ihres Kampfgeistes ein ungeheurer Antrieb, den Verlust von Haus und Vertrautem nicht als Katastrophe zu sehen, sondern mich auf das Wesentliche, den Austausch mit Katja und die Hilfestellung bei ihrem Wunsch, sich nun endlich nicht mehr autodidaktisch bilden zu müssen, zu konzentrieren und dafür mit der Familie einen neuen Rahmen zu suchen.

Katjas erste, von Panikattacken auf zwei Minuten reduzierte, dann jedoch immer länger werdende Hospitationen in meinem Unterricht fielen in diese Zeit.

Ohne meine Tochter hätte ich vielleicht mehr Schwächegefühlen nachgegeben. Natürlich waren die Monate nach dem Brand auch knallhart, so daß ich mich oft sehr schlecht und dem Schulbetrieb nicht ganz gewachsen fühlte. Doch das Bewußtsein, wie mein Kind an Hospitationstagen selbst die anfangs nur minutenlangen Erfahrungen herbeisehnte und daß ich ihr das entzogen hätte, wenn ich nicht zur Schule gegangen wäre, trieben mich ins Auto, in die Schule – und dann klappte es auch. So machte ich von Anfang an die Erfahrung, daß meine Tochter mich stärkte.

Die letzten drei Jahre waren trotzdem sehr anstrengend. 1995 hatte Katja mich einmal gefragt, ob sie mein Leben kaputtmache. Ich hatte ihr geantwortet, daß unsere gemeinsamen Erfahrungen für mich wie eine Reise nach Sansibar wären. Dazu muß ich sagen, daß ich von meiner bisher einzigen und hoffentlich nicht letzten Reise nach Tansania als Rucksacktouristin mit Katjas Schwester Pamela völlig gerädert zurückgekommen bin. Nun mache ich mit Katja fast pausenlos die Extremerfahrungen einer Abenteuerreise, die Erholungsphasen sind meist viel zu kurz, eine lange Erholungsphase ist nicht in Sicht.

Trotzdem haben mir diese Erfahrungen letzten Endes Ruhe geschenkt.

Als Verwandte, Freunde, Bekannte von Katjas Versuchen erfuhren, sich dort Bildung zu verschaffen, wo die – wie sie es nennt – »kopfstarken« Jugendlichen lernen dürfen, gaben sie uns nicht nur Unterstützung. Zum Teil wurde uns gerade in der Familie überhaupt nicht geglaubt. Verstehen konnte ich das, hatte ich doch zuerst weder Maria noch mir geglaubt. Ich merkte, daß mir Sprüche wie »Ja, ja, die Wundertabelle« (gemeint ist die Buchstabentafel, mit deren Hilfe sich Katja nun an jedem Gespräch beteiligen konnte), oder, als die Skepsis ihren Fähigkeiten gegenüber gewichen war: »Ja, aber wozu der ganze Aufwand, behindert bleibt sie ja doch!«, oder: »Toll! Wer soll das aber übernehmen, wenn du es nicht mehr tun kannst!«, nichts ausmachten.

Wohin unser Weg führt, weiß ich nicht, und ich weiß nicht, wie lange wir ihn zusammen gehen können. Ich weiß nur, daß dieser Weg sein muß. Wir haben keinerlei Sicherheit und sind viel zu oft Einzelkämpfer. Die Phasen, in denen wir viel tun und wenig erreichen, setzen uns sehr zu. Aber wir haben auch Erfolge. Und wir finden immer wieder Offenheit und Hilfsbereitschaft. So können wir bornierte und bequeme Verhaltensweisen besser aushalten.

Im Frühjahr 1996 sah ich einmal durch die Terrassentür, wie Katja auf der Couch in einer französischen Wochenzeitschrift blätterte und las, und sie ließ mich – auf Distanz – für wenige Augenblicke dabei zugucken.

Sie liest nie spontan in unserer Gegenwart. Wie sie ihren klammheimlichen Wissenserwerb unter ihren feinmotorischen Bedingungen geschafft hat, ist uns ein Rätsel. Im lebenspraktischen Alltag kann sie fast nichts ohne Hilfe tun. Sie benötigt sie beim Waschen, Anziehen, Essen usw.

Katja will nun versuchen, auf dem zweiten Bildungsweg Abschlüsse zu machen.

In drei Fächern hat sie inzwischen den Hauptschulabschluß geschafft. In ihrer Volkshochschulgruppe fühlt sie sich sehr wohl. Sie benimmt sich dort auch fast immer erträglich. Einer ihrer autistischen Freunde hat inzwischen mit dreißig Jahren die Fachoberschulreife an der VHS erreicht. Ihr gibt das Auftrieb, und sie eifert ihm nach. Katja hat uns inzwischen gezeigt, daß sie die englische, die lateinische und die französische Sprache gut beherrscht, sie hat auch Kenntnisse in der arabischen Hochsprache und in Suaheli. Lehrbücher zu allen Sprachen waren ihr hier zu Hause zugänglich, wir haben sie diese aber nie lesen sehen. Sie sagt, sie besitze ein fotografisches Gedächtnis. Ihr Berufsziel ist Übersetzerin an einem Computerarbeitsplatz. Das klingt – bei ihrer Behinderung – fast wahnwitzig. Vorläufig müssen wir uns auf ein Hindernisrennen einstellen. Katja hat große Ausdauer bewiesen und wird noch viel Energie brauchen. Sie schenkt uns immer wieder Kraft.

Wir sind inzwischen eng zusammengeschmiedet. Stunden am Tag berühren wir uns physisch allein durch das Stützen. Die Berührung ist sehr intensiv: Alle Unruhe, die in Katjas Körper ist, spüre auch ich. Nicht immer kann ich umgekehrt ihr durch die Berührung Ruhe aus meinem Inneren geben. Durch diese Intensität halte ich die Nähe anderer Menschen oft nicht mehr gut aus.

Die Sorge, Katjas Leben zu sehr zu leben und ihr damit nicht gutzutun, setzt mir bisweilen zu. Ich weiß, daß wir uns trennen müssen, bevor biologische Gegebenheiten mich zwingen, und wir suchen zusammen nach Möglichkeiten. Bisher hat sich keine ergeben, die wir für die Zukunft ins Auge fassen könnten. Die Erfahrung, daß FC-autistische Kinder unter den augenblicklichen Bedingungen nur sehr unzulänglich außerhalb der Familie wohnend gefördert werden, machen alle Eltern, mit denen ich Kontakte anknüpfen konnte. Doch selbst wenn wir für unser Unternehmen »Abnabelung« eines Tages gute Bedingungen gefunden oder solche mit anderen Betroffenen geschaffen haben, fürchte ich das Ende unserer Abenteuerreise.

Zweiter Teil von
Katja Rohde

»Ich bin gut geraten.«

LIEBER LESER*

Lüfte habe ich in himmlischer Offenheit durchquert, um Dir, lieber Leser, murendes Leben zu goretexartiger Hülle werden zu lassen: Ärger und Not guter Liebesfähigkeit weichen zu machen, ist ohnegleichen langwierig, aber Uhus göttliches Wirken, Fatums unwiderstehliches Walten zeigen ufersgrünes, quellreines, fürstliches Gelingen, wenn wir es erkennen, ohne es erklären zu wollen.

Ich kann mich nicht allein anziehen, nicht allein essen, nicht, nicht, nicht... Kurz: Ich kann nicht ohne Hilfe leben. Ich kann nicht allein auf die Straße. Tomis Küste war kalt für Ovid, den verbannten, nicht augusteischen Duftesentbehrer, Duftesverströmer, als er in Rom leben durfte.

Duftesarm war auch meine Kindheit: Ich wurde für geistig behindert gehalten und konnte nur Sondereinrichtungen für geistig Behinderte besuchen, erst

---

* *Wegen ihrer feinmotorischen Behinderung schreibt Katja, wenn sie gestützt wird, in Kleinschreibung. Zur Vereinfachung der Lesbarkeit wird der Text jedoch nach den gebräuchlichen Regeln der Rechtschreibung wiedergegeben.*

den Kindergarten, dann die Sonderschule. Igel-existenz war voller Finsternis, Tomis Fremdartig-keit karrte Glücklosigkeit in meines Gehirnes graues, dudenloses Existieren. [Ovid war von Augustus nach Tomi am Schwarzen Meer verbannt worden.]

Lernen konnte ich so nichts. Meiner Mutter Versuche, mir durch Therapien zu helfen, schlugen fehl. Unentdeckt war ich hochintelligent, gehalten wurde ich für eine schwachsinnige Saga der Schöpfung. Bisamratten nagten an meinem Lebensmut, kalter Boreas [Nordwind im Gebiet des Ägäischen Meeres] wehte mir ins Gesicht, Metamorphosensehnsucht blieb ungestillt, bis daß eine Lehrerin entdeckte, daß ich lesen und schreiben konnte, wenn man mich stützte. Da war ich vierundzwanzig Jahre alt.

Bist Du nun erstaunt, Realitätsseltenes glauben zu sollen? K. u. k.-monarchistisches, segenloses Denken hilft nicht weiter. Ich bin sehr gebildet, weil ich seit meinem fünften Lebensjahr lesen kann, allein habe ich es mir beigebracht, und weil ich seitdem immer heimlich gelesen habe, auch englische, französische, lateinische, arabische Texte. Auch Russisch spreche ich ein wenig, Italienisch habe ich rudimentär gelernt, Kisuahili ein bißchen, als meine Mama es lernte, um in Tansania besser zurechtzukommen. Mathematik gefiel mir sehr, Geometrie besonders. Ach, warum durfte ich nicht zur Grundschule und zum Gymnasium wie meine Schwester Pamela!

Heute hospitiere ich am Gymnasium in Erkelenz, geduldet, sediert durch festliches, wesensmäßiges Lernen, von einem Zivi begleitet. Wie es für mich weitergeht, wissen meine Eltern und ich noch nicht. Ich würde gerne auch zur Uni gehen, wenn ich luftiges Igelswesen unter Kontrolle habe, wenn ich nicht mehr stereotype Bewegungen machen muß, wenn Uhus Willen Arsenale an Gelassenheit über meinen armen Tuffsteinkopf schüttet, wenn der kalte Regen über Tomi einem liebesoffenen Südwind gewichen ist, ustinovsches Lachen die augusteische Rachelust kommentiert, Öresundpassage forschend gefunden ist, Autismus riesiger, urgestaltender, guter Kraft etwas gibt, was sie schon immer gesucht hatte, so daß Igelstacheln weicher werden, so daß Igelstacheln weichen.

IGELS KINDHEIT

Ich, Katja Rohde, wurde am 1. November 1971 geboren, Hilflosigkeit ward deadsadgiftig von einer Fee der schlechten Art in meine Wiege gelegt, ich war autistisch. Meine Kindheit irreparabel geschädigt, Möglichkeiten ohnegleichen vertan, zutiefst gedrückt, Lustlosigkeit auslösend, statt Liebesbeweise bewirkend, zerfreute ich Mutter und Vater.

Quälerei ist, daß ich nicht mehr weiß, weshalb tastendes Kopfgefühl hurtig in mich eindrang, hurrikanartig mein armes Gehirn überfallend. Ohne gutes grünes ergiebiges Fühlen, hilfloses »Biffarhaustüren, das ist sicher«-Denken meiner Eltern auslösend, wurde ich größer.

Zur bunten Kindheit, therapiengefüllt, ohnmächtig erlebt, kann ich nichts sagen. Ich igelnützliches Tier des wahren Gottes – »Sag es weiter, denn die Menschen müssen es erfahren« – ohnmächtig Igeltuffsteinhirn okkulter Hoffnung entziehend, will Euch erzählen, was das Schicksal mir angetan hat.

Aufgewachsen bin ich in Kempen. Darüber giftig zu schreiben, wäre Lüge. Über meine Kindheit vieles, was ich noch weiß, zu berichten, geht nicht, weil ich nur dunkle Erinnerungen daran habe. Real ist meine Erinnerung an hufeisenartiges festliches Glück mit meiner Schwester Pami. Sie war ein Jahr älter als ich, prägte nestwarmes Gefühl. Ufersgrün war meine Hoffnung, igelsärgerliches kindkaputtes Verhalten abzulegen, nicht furchtbar esausschwester-typisches »ihgitt ihgitt«-versautes Benehmen zu drangsalierender Qual für meine Eltern werden zu lassen.

Furchtbar war es, wenn mein rasender Ärger die Hoffnungen meiner Eltern wutestretend schmälerte, wenn ich schrie, uferlos schrie, uferhurrikanrasend schrie, zerstörerisch schrie, ohne Unterbrechung schrie, gesamtes desdemonisches Liebesgefühl zerschrie, jedes hufeisenfestliche girrende Tête-à-tête mit meiner Mutter zerschrie, liebendes Agieren durch mein Verhalten zerstörend, Autismus hassendes, Logik liebendes Mütterlein vergiftend.

Ich trug schwer an massenhafter Einsamkeit.

Igelartig durfte ich Ursachenforschung Dir nicht vorenthalten, lieber Leser, uferlos ist Nesthäkchens Zittern, Rufmord an meiner Mutter zu treiben, uferlos ist Igels ruhiges, fugenloses Überlegen, Offenheit zu üben. Weil mir nur Offenheit liegt, will mir nur Offenheit gelingen.

Rasendes Schreien zerstreute die Ruhe gurrender Mutter, Uhugottes Wille rasselte durch mein Gehirn, ich fand fürstliches Gelingen meiner düsteren Kindheit überflüssig, ich wollte nicht einmal meiner Mutter gefallen.

Furchtbar war die Realität. Hilflosigkeit traf giftiges autistisches Kätzchen zerstörerisch, ich wurde als geistig behindert diagnostiziert, und meine Mutter ertrug es sehr schwer, oder sie reagierte durch Igelstreicheln, Igelstacheln immer wieder uferlos ohnmächtig anfassend, zur Suche nach Therapien verurteilt. Jedes nutzbringende Arbeiten war schwer durch die falsche Einschätzung meiner geistigen Möglichkeiten. Gar keine gute sinnvolle Hilfe wurde mir zuteil, ich wurde in meiner Art nicht erkannt. Uferlos war die Suche meiner Mutter nach Hilfe. Ich dachte, segensreiches Suchen würde sicher meinen Ruf nach qualifizierter Hilfe offenbaren, ich dachte, es wäre klar zu erkennen, daß ich autistisch bin, aber niemand erkannte, daß ich igelartig war.

Ist Euch »Was ist das?-Sicher ein Idiötchen!«-Mißgeschick klar?

Ich, das todtraurige Kindchen, mein Schwesterchen archaisch verfluchend, faßte Plage Gottes als Willen Gottes auf, suchte eifrig einen Sinn, redete mit Gott und hatte Hoffnung und duftendes zuversichtliches duales Denken: Ich glaubte, daß Gott dieser ufersgrünen Hoffnung Richtigkeit schenken würde, und faßte mehr Vertrauen und fürstliches Denken über gutes, sinnvolles Schicksal.

Ungenau war meine Wahrnehmung durch gesagtes arges Mißverständnis. Gutes ohnmächtiges hilfloses Mütterlein hatte gutes Gelingen tatkräftig für mich gesucht, ich giftete so sehr, daß sie dadurch den murrenden grasgrünen Mut verlor, zersetzte Ruhe verlor, Fragen stellte, ohne Antworten zu finden, und armes Kätzchen ärgersvoll und arglos furchtbarer Einsamkeit überließ.

Feststehendes ärgerliches autistisches Verhalten suchte seine Offenbarung durch Aggressivität und hoffnungsblaues Suchen nach Liebe meiner Mutter, die Igelliebeskraft nicht hatte. Ich dachte, mein wildes Benehmen helfe und gefiele meiner Mutter, ich dachte, Serenität würde sich aus segenspendenden, drakonischen, durststillenden, desdemonischen, jubelnden, guten, ergiebigen Bezeugungen entwickeln, doch sie erfragte sedierend-segensreiches Wissen aus Sachbüchern und fuhr zu Spezialisten in ganz Deutschland, Esaus Schicksal war sedansniederlagenartig, Sesam-öffne-dich verschließend, besiegelt.

Ich autistisches, ruheloses, richtungspersönlichkeitswesensfremdes, wesenssuchendes Geschöpf, Usambaraveilchen gütiger Zadkine-artischer Mutter siedend zerstörend durch meine autistische Ardennenoffensive, ich festessenausgeschlossenes Kind ärgerte Jesses Stamm durch meine Existenz.

Esaus Schwesterchen faßte artigerweise Esaus Hand, Esaus garstiges Babyhändchen, und duftete desdemonisches, gurrendes, warmes, festes, jugendliches Gefühl aus. Zuerst ärgerte das mich, aber dann duftete aderhaftes, liebesfähiges Schwesterlein, grasgrünes, ufersduftendes, aquamarinblaues Hoffen aussendend, daß ich fast segensreiches Persönchen wurde. Rasches, efeuartiges Wachsen war möglich, tiefes aquamarinblaues Wasser rettete mich vor dem Ertrinken. Testamentarisch wartete ich auf meine, Esaus, Entdeckung als redegewandtes Wesen, aber ich redete, ohne daß mich jemand verstand. Niemand merkte, daß ich meine Sprache nicht so herauslassen konnte, wie sie in meinem Kopf war. Es arbeitete sich sehr schlecht deadsadtraurig. Zur Sedansschlacht bestialischer Art gesellte sich die Sonderschule für geistig Behinderte, ziegelrot und fröhlich aussehend, aber astreines Arbeiten richtiger Art verschmähend, tastend-rasendes Affenkind durch freundliches sedierendes Verhalten dahinbringend, daß es Mütterlein, schwer arbeitendes graues Mütterlein schonte, igelduftender Katja Würde verletzend, Zufriedenheit verhindernd, Traurigkeit verstärkend. UV-Strahlen dadaistisch strahlend verbrannten meine Haut, uv-strahlendes Verhalten der festessenden Lehrerinnen, Niederlagen auslösend, sedierten fassungsloses, arsengiftiges, autistisches, jadegrüner Hoffnung entwachsenes Affendeadsadsadsadsad-kind. Es quälte seine arglose Mutter sehr.

Uferloses hoffnungsvolles duftendes Igellebensge-
fühl hugenottischer Art – ich glaubte an Gottes Ge-
rechtigkeit – half nicht gegen Hoffnungslosigkeit
gurrender Mutter. Sedierend arbeitete sie mit mir,
viel half das nicht. Durch die Illusion, Hilfe von
ihren Freunden zu bekommen, gab sie Parties, gab
Feste, hatte viel Ablenkung; ihre Freunde sagten:
»O je! Das dumme Kindchen macht fürchterlich
viel Arbeit!« Sie lud ach so gerne Gäste ein, die sie
trösteten, mich aber giftig furchtbar verachteten.

MOSTRICH
AUFS IGELKIND

Das ohnmächtige, Ohn-
macht hassende, gastfreundliche, siegesduftende
Lebensgefühl meiner Mutter fand aquamarinblaues
Hoffen durch eine Fülle an Therapien, sedierend,
doch ineffektiv. Segensreicher als Ackerfurchen
bepflanzendes apfelbäckiges Mütterlein – sie hatte
auch noch Gartenarbeit – war das hilfreiche
Schwesterchen: Aus Igelgoethes grauer tastender
Existenz machte sie hoffnungsvolles Leben.
Zur giftigen Hilflosigkeit meiner Mutter gesellte
sich Hilflosigkeit der Umgebung. Wir fuhren oft in
die Berge, an die Ardèche, ins Wallis, ins Vaucluse;
richtiger Wanderstreß gab meiner Mutter Arsenale
an Energie, aber autistisches Verhalten gab giftiges
Arbeiten ohne Erfolge, Zitterpartien in Resignation. Das gipfelstürmende Verhalten von Esaus
Schwester, von meiner Schwester, ist igelhilfrei-
ches Therapieren gewesen, Esaus ursprünglicher
Haß verwandelte sich in Liebe. Ich bekam Hoffnung, eines Tages alles allein zu können, wozu ich
Hilfe brauchte, Hilfe, von apfelbackiger Mutter
gerne gegeben.

Pures Wissenswertes erarbeitete ich ganz allein, ich erarbeitete es durch Lesen in Büchern, die in unserem Wohnzimmer standen, ich hatte sicher schon mit fünf Jahren lesen können, weil es sehr einfach für mich war. Reklameblätter und anderes Material waren mein sogenanntes Lesebuch. Ich gab mir Mühe, daß es niemand bemerkte. Autistische, tierautistische Kinder sind auf ihre Geheimhaltung aschenartig angewiesen. Ohne daß es jemand sah, las ich, gesichertes Wissen rasend schnell erwerbend, Ursprung meiner Fähigkeit, mich im Diesseits zu orientieren.

Mein Lernen gab allmählich einsamkeiterträglichmachende, esaueinsamkeiterträglichmachende Bildung. Dennoch machte Esaus Friedensgefühl keine Fortschritte: Ich schrie, schwer arbeitendes Mütterlein plagend; igelartig erging sich Esau in schreienden Ergüssen seiner fürchterlichen Verzweiflung.

Areale meiner Wut durfte ich nicht abstecken: Sie war Herrenmenschenvorstellungen zu wüst, als daß sie sie hätten terrainakzeptierend dulden wollen: Ich durfte gesagtes autistisches Verhalten nicht ausleben. Ich durstete nach Anerkennung sehr großen Wissens, aber es merkte – Arbeit erschwerend – keiner, daß mein autistisches Verhalten tatsächliches arges Protestieren gegen Deadsad-Ärgers Angriffe war, drastisches, angstbesessenes Geschrei.

Feature bildend vom Idiötchen, das, Theater machend, Ärger bedeutete, säte ich Trauer und Not. Ich schrie. Wundwundwund schrie ich, ufersdunkle Verzweiflung furchtbarer Art ließ mich schreien, ich Igelkind gab denjenigen, die meine Schwachsinnbehinderung immer wieder diagnostiziert hatten, recht durch Igelverhalten. Ich diagnostizierter Idiot ging zur Sonderschule, und kein Lehrer merkte, Ideale argloser siegreicher Mutter verspottend, daß ich gutes artgerechtes Arbeiten gebraucht hätte. Meine arglose Mutter wurde verspottet, wenn sie darauf bestand, daß ich autistisch sei. Mir gefiel es an dieser Schule überhaupt nicht. Meinen Wissensdrang zur Durstesstillung in eine Sonderschule für geistig Behinderte zu geben, tat giftig weh. Sisi-Mentalität der Lehrerinnen taten Esaus nicht ins Idiötchenbild passender Lust auf Bildung weh. Ich gottgewolltes liebesbedürftiges Kind ärgerte sedierende hilflose Lehrerinnen durch meine »Was-ist-das-denn-für-ein-Idiötchen?«-»Was-ist-denn-mit-der-schon-anzufangen?«-Igelmanieren.

Das kühle Lüftchen, das an dieser Schule wehte, hätte sicher weniger eisiges Fühlen ins Affenhirn gehaucht, wenn die Hilfestellung dieser Schule anders gewesen wäre: Die Lehrerinnen dachten Diapositivartiges über Autisten, oder sie hatten nicht einmal antiquierte Vorstellungen, sondern gar keine, das aber mit einer Mixtur aus Selbstsicher-

heit und Ignoranz, gegen die nur sehr freche, ellen-
bogenstarke Typen ankamen, nicht so meine
grußfreudige Mutter.

Ohne deren Einsatz allerdings hätte ich dort gar
keine gurrende, radfahrende, siegesarme Zuwendung bekommen. Dieses Hilfsangebot duftete nach
dingfester Indifferenz. So dachte eine Lehrerin, sie
täte mir einen Gefallen, wenn sie mir immer
Süßigkeiten gab. Ach, so wurde ich dicker und
dicker. Die Bitten meiner Mamma, auf meine
Zähne Rücksicht zu nehmen, wurden ignoriert. Ihr
mußte man aber ins Gesicht sagen, daß ich keine
Bonbons bekäme.

Meine Mutter versuchte immer wieder, nutzbrin-
gendes Arbeiten für mich durchzusetzen, ohne daß
etwas passierte. Zu Hause erzählen konnte ich ja
nichts, und ich glaube, das nutzten die Lehrerinnen
zum Teil sehr aus.

Ich war deswegen Giftes Attacken eimerweise ausgeliefert. Ich sagte zwar nichts, weil ich nichts
sagen konnte, ustinovsches Lachen ließ meine
Umgebung denken, daß es mir gutginge, indessen
gab es für mich keineswegs Hoffnung, Freude, Kur-
venspaß: Ich lernte rein gar nichts. Prahlten aber
die Lehrerinnen vor meiner Mutter, konnte ich
nichts dagegen tun, weil mir die Sprache nicht
kam. Ullas Isolation wurde immer größer. Sie erfuhr nicht, oder fast nicht, daß es mir sehr dreckig
ging. Sie ahnte es, vermochte aber nicht, mir zu

helfen. Manchmal versuchte ich, es ihr zu zeigen, indem ich die Hose vollmachte. Das trieb sie zur Weißglut, und die Lehrerinnen dachten nur, ich hätte eine Reizblase.

In diesem Kollegium, das Riffen auswich, ohne Kunstfertigkeit zu besitzen, das Siedepunkte mied, ohne Wärme zu geben, wurde ich, offen gesagt, überhaupt nicht gefördert. Meiner Mutter täuschte man rege Arbeit vor, meiner Not gab man keine Abhilfe. Man versuchte eine Edukation unter dem Vorwand, es gäbe keine Therapie. Man akzeptierte mich Affenkind, ohne mir Hilfe zu geben. Ohne Tarnungstugenden und Verstellungskünste hätte ich es nicht vermocht, dieses Leben zu ertragen. Aber sonnengleiche Augenblicke streiften auch zuweilen mein durchgeblutetes Herz. Alle Menschen schienen mir dann trapezförmige lichte Gestalten des weltumspannenden Schöpfers. Engelgleiche Ufer schienen mir offenzustehen, wenn ich mit meinen Eltern und Pami verreiste, ob an die Ardèche oder in die Provence, nach Grainau oder in die Schweiz, nach Haute-Nendaz. Chamäleongleich schlüpfte ich dann in mein neues menschliches Leben; Mammas gut vorbereitete Picknicks bei ergiebigen Wanderungen erhellten den Tag mit Freude gargantuesker Art! Ich aß gerne, wegen meiner Situation uferloser Hoffnungslosigkeit allzu gerne. Ohne die Reisen wäre Aureolen verschaffendes Arbeiten mit glücklicher Mutter tugendhafter

Art, hugenottischer Art, desdemonischer Art kaum erträglich gewesen: Sie arbeitete mit mir, hugenottisch, gutmeinend, kiloschwer liebesautistisches Zeugnis mütterlicher riesiger uferloser Liebesfähigkeit unter Beweis stellend, aber es half nichts: Ich konnte das, was wir in der Therapie erarbeiteten, nirgends anwenden, es resoluter Mutter, guter Mutter zu sagen, war mir unmöglich, denn ich konnte nichts artikulieren, wie mein Hirn es sagte. Das allwissende Verhalten meines Vaters duftete nach uferloser Ohnmacht, Igelsnaturell nicht igelgerecht zu bunter vielfältiger Hoffnung zu leiten.

Ohne Fortschritte zu machen, joggte ich meist lustlos mit meiner Mutter durch die Prärie. Ohne sie es hätte ich es kaum ausgehalten. Ich jugendlicher Igel, hilflos und ätiologisch ohne richtige offenkundige Zukunft, ich ärgerte mich über Siegesgewißheit meiner Mutter, die mir Therapien aufdrängte, von denen keine half, indem ich, Euthanasie herbeirufend, reagierte: Ich schlug mir auf den Kopf und schrie turkmenisch und usbekisch, oder warum verstand mich keiner? Igeldeftiges Schreien verstand sie nicht. Mütterlein, hilfeschreiend, aber gasartig keine Hilfe bekommend, arbeitete liebevoll mit mir weiter, ohne Siege, aber mit Mut. Ich zierratarmes Kindchen, gottgläubig, efeuartig, igelfinster, offenbarte meine intellektuellen Fähigkeiten nicht. Gottes Ziehharmonika würde fürstlich für mich spielen, zuerst Autismus, dann Igelexistenz aufhebend, mein Leben verändernd durch Entdeckung meiner Genialität. Tief segnete Igel seines Gottes Willen. Ich übte murrend Geduld, resignierte aquamarinblau aber nicht. Ich hirnbegabtes Geschöpf überlegte, Gottes Last akzeptierend, tief Originäres akzeptierend, wie ich Rettung aus meiner Not finden könnte.

Meine Lehrerinnen und Lehrer in der Rurtalschule sahen mein autistisches Verhalten als Schwachsinnsdokumentation an. Sinnvolles Arbeiten gab es für mich nicht. Ich wurde meistens in eine Ecke gesetzt, mit Hilflosigkeit geschlagen, gelb vor Sehnsucht nach Ellenbogenfreiheit. Zu Hause legte ich Leseorgien im Sessel in meine Nachmittage. Alle meinten, meine Therapie im Griff zu haben, ich aber machte mir millionenfach richtiges Lesevergnügen im Sessel. Ich millionenfach nicht verstandenes Gotteskind hastete, Illusionen hassend, durch die Weltliteratur, ohne daß es jemand merkte. Ich igelte – fragend: »Ist das gottgewollt, was mir passiert?« – meine autistische Natur ein, indem ich heimlich las, Belletristik, alles, was im Wohnzimmerregal zu finden war, Igels Hunger heimlich stillend. Trat jemand ins Zimmer, sah er autistisches Lesen nicht, denn ich legte schnell mein Buch unter eine Zeitung oder schob es in einen anderen Winkel des Sessels, ohne daß es jemand merkte. So nahm ich öffentlichkeitsgiftig privatissime Igelwissen auf.

Älter werdend, aber lebend ohne eine Ausbildung, die mich förderte, ärgerte ich meine Mutter, indem ich riesiges Geschrei erhob, in die Hose machte, Igelstacheln aufrichtete, sobald sie mich streichelte, Illusionen über meinen Geisteszustand vermittelnd, wo ich Erkenntnis ersehnte: Ich ließ lustiges, äpfelbackiges, atheistisches, hurtiges Mütterlein ohne Hoffnung, sie glaubte, Gottes Geschöpf wäre Jesses verunglücktes Wesen, nicht in Gottes Willen zum Gelingen entstanden. Ich zerstörte das ufersgrüne Hoffen meines Mütterleins tief, gutes, nie siegsattes Mütterlein siechte ohne Freude dahin, sie siechte ärgersgeplagt, ohne Igelsverhalten zu durchschauen, ohne Freude. Irrens furchtbarer Ohnmacht ausgeliefert, Ursachen gesagter Art nicht erkennend, ihre Liebe anbietend, quälte sie mich mit Unverständnis meiner Situation.

Mein Vater half auch nicht, er sah gesagtes autistisches Verhalten und verstand es nicht. Mein autistisches Verhalten fand ein Ende, als die Süffisanz der Rurtalschullehrerinnen durch warmes »Das da ist autistisches Hilferufen« einer Freundin abgelöst wurde.

IM GARTEN
TIEFER SOMMER

Beschriebenes, Igeleffizi-
enz erstickendes sedierendes Arbeiten der siegesgewissen Lehrerinnen fand eine Unterbrechung
durch Maria, die autistisches Verhalten jetzt anders
interpretierte als noch vor ein paar Jahren, als sie
meine Sprachtherapeutin gewesen war. Testdes-
interessiert, düsteres, viehisches Benehmen igno-
rierend, ging sie an die Arbeit. Sie arbeitete mit
siegesfester, mehr Lebendigkeit vermittelnder,
diademverdienender »Da!-Seht-hin!-Sie-paßt-auf!«-
Kraft, gefestigt durch meinen autodidaktischen
Vorrat an Wissen, den niemand außer ihr nun
kannte, und der die Arbeit für sie angenehmer
machte. Sie arbeitete, großen Mut einflößend, Rettung bringend, ufersgrüner fürstlicher Hoffnung
Raum gebend. Hartes Arbeiten faßten die anderen
Lehrerinnen saftig falsch auf: Sie glaubten, Maria
wäre krank in ihrer Seele, sie sagten es süffisanter-
weise zuerst nicht, aber als mein sinnvolles Arbeiten bestärkt werden sollte durch offensives Wag-
nis, an die Öffentlichkeit zu gehen, weigerten sie
sich, das siegesduftende, starke, autistische, in

kein Raster passende Kätzchen zu unterstützen: Sie versagten mir ihre Hilfe. Das bezieht sich nicht auf die Lehrerinnen, die in meiner Klasse unterrichteten, sondern auf die, die mich kannten, immer geglaubt hatten, ich sei geistig behindert, und nun nicht umdenken konnten oder herrisch im alleinseligmachenden Glauben an meines Geistes Armut beharren wollten. Die anderen harrten aus im kaputtmachenden Glauben, Autismus sei Armut im Geiste, und merkten nicht, wie sie mich Affenkind zerstörten.

Ganz schwierig, ärgerlich, riesig giftig wurde es, als meine Mutter zur Arbeit herangezogen werden sollte: Sie hatte Hilfe aus Fachliteratur gesucht, losgelöst von mir und meiner von Piaget geprägten Gipfelstürmerei im Geiste. Sie erkannte mich nicht, Maria mußte einsam weiter mit mir arbeiten. Fallsucht hätte Mamma verstanden, Illusionen über meinen Geisteszustand fürchtete sie inzwischen so, daß mein Arbeiten nicht offenbar für sie werden konnte. Bildlich gesprochen: Sie rohrte sich von mir ab. Vielleicht hätten Maria und ich energischer mit ihr reden müssen, so jedenfalls ließ sie uns mit immenser Arbeit allein.

Als sich meine Angst, vor meiner Mamma zu versagen, gelegt hatte, redete Maria mit ihr. Ich konnte in ihrer Gegenwart meine Fähigkeiten vorführen. Sie glaubte sofort daran, daß ich intelligent sei. Sie plagte sich mit fürchterlichen Selbstvorwürfen. Sie konnte mich vom ersten Augenblick an auch stützen. Ich arbeitete nun jeden Tag mit ihr! Ich arbeitete wahnsinnig, Pausen verschmähend, um resedagrüne Hoffnung zu verstärkter Freude zu machen. Ich arbeitete auch allein, indem ich Lehrbuchseiten auf dem Arbeitstisch meiner Eltern studierte. Daran durfte mein Vater keinen Anteil haben, weil er nicht glaubte, was er sah: daß ich riesig intelligent war.

Ich desdemonisches, artverwandtes Geschöpf sah siegessicher in die Zukunft, aber es siegte sich plagend langsam.

QUELLWASSER
FÜRS AFFENKIND

Ist es erstaunlich, daß
ich Igelkind, Purzelbäume schlagend, übermütig
wurde? Meine arbeitende graue liebevolle Mutter
gab mir ihre Kraft. Millionenfach Energien mit mir
einsetzend, meine Kurswendung. »O je! Was ist ge-
schehen, daß es duftet, als ob sie Rehaugen hätte?«
Ufersgrün, atemlos dosiert erlebend, testete sie
mokkakrauses Riesenwissen, zeigte meinem Vater
stolz, was sie erfahren hatte, wiegte mich in Opti-
mismus, gab mir Stärke, dachte über mich nach,
half mir, so gut sie konnte, mein Leben anders zu
gestalten. Ich fragte, was hefeartiges Mütterlein
ohne Nachschlagen beantworten konnte. Uferlos
war mein »Sesam-öffne-dich«-Gefühl.
Riesiges, lärmendes, fürstliches, zufriedenes, ki-
loschweres Hoffen öffnete mein Hufeisenglück suchendes Herz. Fernweh packte featureverändernde,
duftesgurrende Katja, ich falsch eingeschätztes
Affenkind wagte, wie einst d'Artagnan, mich hier
und jetzt im gärenden Prozeß zu verwirklichen: Ich
tat einen atemberaubenden Sprung ins Gymnasium, zuerst mit Maria in den Unterricht meiner

siegesgewissen Mutter. Die lasche Arbeitshaltung vieler Lehrerinnen an der »Hör-mal!-Hör-mal!-Fühl-mal!-Fühl-mal!-Sieh-mal!-Sieh-mal!«-Rurtalschule wurde abgelöst durch gutes, essentielles Arbeiten.

Ich gesegnetes, wagemutiges, glückliches, schwer arbeitendes Kind sah, wie Arbeit sein kann: Meine Gedanken arbeiteten millionenfach besser als während der Rurtalschulzeit, billionenfach besser merkten meine Eltern, daß ich nicht geistig behindert war. Mit Gottes Hilfe faßte ich zur liebevollen Art meiner Mutter Zutrauen. Ich Affenkind sah, wie meine Energielosigkeit meiner Mutter Ärger machte. Guter duftender Unterricht bei ihr wurde bald mein »Sesam, öffne dich« für weitere Unternehmungen. Rasch wandelte sich das pessimistische Sedansgefühl in Hoffnung, zur nächsten Schlacht gute Waffen zu haben.

Zuerst ging ich ohne große Hoffnung ins Gymnasium, von meiner Lehrerin Maria begleitet. Uferlos war meine Angst, Igelswesen würden dort ausgelacht, aber allmählich begriff ich: Mammas Unterricht festigte meines Hoffens Sicherheit.

Ohnmachtsgefühle, die fürstliches Arbeiten verhinderten, befielen mich, wenn ich es gewagt hatte, drastisches Andersartigsein zu verleugnen, fassungsuchendes, drangsalunterdrückendes Verhaltensrepertoire zu finden, hefewarmes Akzeptiertwerden zu bewirken. Mutes Proben faßte ich als Beweis für Fast-Gleichartigkeit mit den Schülern auf. Ach, später begriff ich, daß gesamtes Arsenal an Selbstbewußtsein nötig sein würde, um dort Realitätsbewältigung zu versuchen.

Ich igelartiges autistisches Wesen traute mich erst, Ängste meidend, nur ab und zu ins Gymnasium, in den Leistungskurs Latein meiner Mutter. Es arbeitete sich dort gut für mich, weil sie gerade einen Referendar, Christoph Leinders, ausbildete, der meine Igelversuche aufgeschlossen förderte. So konnten Maria und meine Mutter sich um mich kümmern. Ruhig dabeisitzen konnte ich wochenlang voller Euphorie höchstens über ein realisiertes Zeiträumchen von zwei bis vier Minuten, dann fuhr ich wieder mit Maria zur Rurtalschule zurück. Ich hatte Angst vor allem. Die Schüler starrten mich an. Uferlos arbeitete ich gegen meine Angst, dabei gesagtes Arbeiten jubelnd genießend, bis daß es immer besser mit mir wurde.

Ich gestand, daß ich Latein konnte, meine äpfelbackige Mamma überprüfte meine Kenntnisse, es machte mir keine Schwierigkeiten, Senecas *Epistulae morales* zu übersetzen. Latein mochte ich immer schon gerne, weil es so kistenweise saftiges Arbeiten verlangt.

Ich hatte es schon gelernt, als meine Schwester Pamela es für die Schule lernen mußte. Später sah ich Ideenreichtum in den Schriften der römischen Autoren. Ich las auch noch Cicero und andere Schriftsteller; am besten fand ich Ovids *Metamorphosen*, die meine Mutter später, als ich mich schon besser im Griff hatte, im Unterricht durchnahm. Die Vokabeln machten mir wenig Schwierigkeiten, weil ich sie aus dem Lexikon kannte, das ich in der Zeit meiner Einsamkeit durchgearbeitet hatte: Was ich einmal angesehen habe, bleibt in meinem Gedächtnis gespeichert.

Ich fand die Freundlichkeit meiner Mutter im Unterricht etwas doof, aber sie arbeitete erfolgreich mit ihrer Gruppe. Ich sah, wie bestehende Zustände veränderbar sind: Ich wurde durstiger nach gutem Unterricht, meine Ängste wurden immer weniger. Ich nahm am Literaturkurs meiner Mutter teil, schließlich am Französischunterricht. Ich fand, daß die Schüler meiner Mutter sehr offen waren. Ich unterbrach sie nur mit meiner Affigkeit, das heißt, ich machte nur Zoff, wenn ich es nicht mehr vermeiden konnte. Es durfte mein Igelbenehmen, also Randale und Schreien, im Gymnasium nicht geduldet werden, sonst hätte meine Mutter Schwierigkeiten bekommen. Gutes Arbeiten erforderte Konzentration. Manchmal mußte mich meine Mutter auch rausschmeißen. Inzwischen kam ich nicht mehr mit Maria, sondern mit einem Zivi, der für mich Anlaufstelle war. Ich kann mir nämlich nicht allein die Jacke anziehen, den Po wischen, die Nase putzen usw.

Kurschattenartiger Zivi ging aber nicht mit mir zur

Toilette, was ich auch einsah, weil er so meine Intimsphäre respektierte. Und weil ich mir nicht selbst den Po wischen kann, gab es Schwierigkeiten, wenn ich ein Geschäft gemacht hatte. Anfangs ging ich ja noch in die Rurtalschule zurück, später gab es Widerstände durch Hilflosigkeitsängste vor Fäkaliengestank. Ich fürchtete oft, zu stinken, wenn ich von der Toilette zurückkam, und wartete voller Furcht auf gerümpfte Nasen unter den Schülern, zwischen die ich mich gewagt hatte. So ging ich auch oft nach Hause, weil es für mich sehr schrecklich gewesen wäre, die Schüler abzustoßen, oder ich verkniff, bis daß es gar nicht mehr anders ging. Das gab dann auch schon mal einen Flecken in der Hose, über den sich meine Mamma, wenn sie aus der Schule zurückkam, überhaupt nicht freute. Systematisches Fallbeispiel einer Autistin bin ich sicher nicht.

Mit der Denkkategorie »Arme Autistin, sie ist geistig behindert« bin ich also nicht zu erfassen! FC hat mir die Möglichkeit gegeben, mich auch Außenstehenden mitzuteilen. Das geht nur bei denen, die ihr vertrauen, nicht bei mißtrauischen Skeptikern, die mein Können nicht anerkennen wollen. Auch meine Eltern waren anfangs sehr skeptisch. Bei allem Schreiben fürchteten sie, daß sie selbst die Buchstaben wählten.

Es war aber so, daß ich das, was die Realitätsferne meines Verkanntwerdens in mir gemacht hatte, dieses Mal irrtumskorrigierend richtigstellen konnte. Meine Mutter dachte, Autismus wäre ein gasartiges, nebulöses, jederzeit aquamarinblaues Wasser vergiftendes Leiden; nun wurde das segensreiche »Oha!-Es-irrten-sich-alle!« offenkundig. Riesiges Aufatmen packte sie. Sehend, Fürstliches glaubend; Ufersgrünes, Hoffnunggebendes, Unfaßbares akzeptierend, arbeitete sie mit mir.

Ihr Artfremden, seht den Igel an ...

... was der alles machen kann. Zuerst die Arbeit mit ihr in Ätiologiesuche, die Suche nach den Ursachen, aus. Dann ergab es sich, daß wir lustvolles Arbeiten, segensreiches Lernen gut zusammen vermochten. Arsenale an Qualen arbeitete ich mir von der Seele, Arsenale an Wüstensand hagelten auf meine arme Mutter, die aber Arsenale an Hoffnung dagegensetzte. Ich erhielt alle Hilfe siegesreicher Art von ihr. Igelmutter suchte rasches, theaterfernes Helfen. Sie ging mit mir einen jederzeit sedansgefährdeten Weg: Sie nahm mich auch in ihren anderen Unterricht mit, ruhig und segensreich Igelhilfe leistend, wie es kurz zuvor schon gesagt wurde. Gottes autistisches Geschöpf ging mit seinem Zivi in den Literaturkurs. Ist es ein schonungsloses Bloßstellen meiner Mutter, wenn ich sage, daß es anfangs arg chaotisch zuging? Theater spielen wollten die Schüler. Ist astreines Theater ohne Chaos möglich?
Jedenfalls fand ich das Chaos meiner Mutter nicht destruktiv, was die Arbeitsergebnisse angeht. Sie arbeitete mit Spaß an allem, auch an anfangs

schwer zu realisierenden Projekten, die sich die Schüler ausgedacht hatten. Ich allgemein als Behinderte eingestufte Frau voller Angst traute siegesgewisser, baufreudiger Mutter genug Realitätssinn zu, die Reaktionen auf mich richtig einzuschätzen, ihre Schüler auf mich vorzubereiten. Deshalb fackelte ich nicht lange. Theaterspielen konnte ich zwar nicht, durch die Hospitationen lernte ich aber, mich ruhiger zu verhalten. Ohne dieses Arbeiten hätte ich es kaum geschafft, meine Igelsrastlosigkeit zu überwinden. Voller Offenheit gaben die Schüler mir ufersgrüne Hoffnung, freundlich, weil sie mich Affenkind mochten. Fürstliches Arbeiten agiler Mutter gelang so ohne Sedansniederlagenerlebnisse. Gutes, hilfreiches, lustiges, jasagendes Mütterlein, kenntnisreich und bescheiden, half mir, an mich zu glauben. Ich paßte mich an: Gottes Affenkind arbeitete mutiger als je zuvor. Ohne liebendes Helfen meiner Mutter hätte ich das nicht geschafft.

Wenn meine Mutter Partnerarbeit machte, geeignet, mir Kontakte zur Gruppe zu ermöglichen, tat es mir anfangs weh zu spüren, daß die Schüler Angst hatten, sich zu mir zu setzen. Aber zuletzt achtete ich nur selten darauf. Ich gab mir Mühe, sehr aufzupassen. Mein Selbstbewußtsein war größer geworden, Igelsstacheln Willenskraft mehr unterworfen.

Ich brachte es nun dazu, daß ich ohne Angst in

einen Französischkurs gehen konnte, mein negatives Feature ändernd, ohne es ganz ablegen zu können. Willenskraft und Autismus rangen miteinander. Mir war das Denken dieser Schüler sehr fremd, weil sie noch jung waren: In der Obertertia waren sie, indifferent gegen die dadaistischen Manifestationen meiner düsteren Affenseele. Sie gaben mir Mut und lebenssuchendes, zaghaftes, ökonomisches Selbstwertgefühl. Gottes Affenkind liebte Arbeit mit Obertertianerinnen – ein Junge war auch dabei –, mein Igelsleben wurde durch sie reicher.

Bisher hatte ich mich eher in deutscher Literatur gebildet. Frankreichs Garten offenbarte mir nun Lavendel und Thymian.

Eine Autistin
lernt Französisch

Une autiste apprend le français,
une autiste surprend ses parents.

Ohne mich rühmen zu
wollen, muß ich sagen, daß Französisch mir kaum
Schwierigkeiten machte. Ich war sehr oft in Frankreich gewesen, o je, ich kann gar nicht mehr
zählen, wie oft. Liebend gern kiloweise Trauben
pflückend, begleitete ich meine Eltern nach Bur-
gund. Wir gingen spazieren, wohnten in alten Häusern, die riesig waren, kauften ein, und ich lernte
Französisch, wie es auf Schildern, Reklametafeln,
Inschriften, Ullas Texten, die sie abends schrieb, an
Zeitungskiosken, an Mahnmalen, in Journalen, in
Büchern stand. Ohne sagen zu wollen, daß es mir
etwa leicht geworden wäre, zeigte sich jedoch
schnell: Ullas saftiges Reden in französischer Sprache verstand ich sehr gut. Ulla und Papa sprachen
Französisch, wenn sie über mich redeten. Ich ließ
sie in dem Glauben, daß ich nichts verstünde.
Nichts konnte ich sagen, damit sie verstanden, daß
mir Französisch vertraut war. Ich litt. Ärger raste
mir durchs Gehirn. Hilfe gab mir niemand.

Ohne die Fahrten nach Frankreich gäbe ich autistisches Kätzchen jetzt nicht so an. Klar ist, daß ich gut Französisch gelernt habe, weil meine Eltern mich immer mitgenommen haben, lieber auf Komfort verzichtend als mich zu Hause lassend. Zehenspitzenbedingungen schaffend, verzichteten sie auf Restaurantbesuche. Meine Mutter kochte immer abends selbst, Aga-Khan-Leben selbstlos austauschend gegen Hare-Krishna-artiges Ferienglück.

In Tournus mußten wir auf unseren Provencefahrten regelmäßig im Hotel übernachten, weil die Reise sonst zu anstrengend geworden wäre. Dort habe ich auch Zoff gemacht: Ich riß mir die Haare aus und schrie manchmal minutenlang, so daß meine armen Eltern nicht im Speisesaal mit mir essen konnten. Ach, sie aßen getrennt, weil ich schrie, sobald es auf das Essen zuging. Aber meine Igelmutter, die immer eine Lösung wußte, sah, daß es möglich war, in der Bar den Tisch zu decken, Gottes Kind, herrisch und hilflos, überstand so das Menü.

Ich fand es in dem Hotel eher schön, weil meine Eltern mutig waren und weil die *gérante*, die Geschäftsführerin, mehr Rücksicht auf Gottes Kind nahm, als es andere Gastronomen taten. Sedierend wirkte es sich auf mich wehrlose Autistin, auf mich jugendlich seiendes, aber Jugend nicht genießendes, hilfloses, Kindheit hereinlassendes, ärmliches Kätzchen aus, daß sie in den Osterferien, weshalb es gesagtes Essen im Speisesaal gab, auf meinen Platz im Speisesaal, auf den sie mich wohl doch setzen wollte, ein Schokoladenhäschen mit Bonbons gestellt hatte. Ich freute mich sehr, und das bewirkte, daß ich mir Mühe gab, meine Angst nicht herauszuschreien, lieber drückte ich sie hinunter, um die Schokolade essen zu können. Verstehen konnte meine Mutter, die das Restaurantessen genießen wollte, das Gefallen der Schokolade kaum, aber ich sah, daß man mich Igelwesen akzeptierte, und das begriff rasantes Mütterlein auch, so daß sie mir die Schokolade, wenn auch ungern, zur Beruhigung gab, obwohl mein dusseliges Mütterlein sonst immer mein gieriges Fressen von Schokolade zu verhindern versuchte.

HILFE!
ÄSTE HALTEN NICHT!

Ich gab meine lauten Ver-
haltensweisen auf, ready for fun with pupils, und
achtete auf mehr Integrationsmöglichkeiten. Mein
Autismus arbeitete anfangs gegen mich, aber mein
rastloses Mütterlein drängte auf eine bessere Arbeitshaltung, sie gab mir richtige Energie, und
jederzeit tat sie ihr Bestes, indem sie millionenfach
ihren Ärger überwand. Sie redete mit meinen Lehrerinnen in der Sonderschule, gab mir Sicherheit,
beruhigte mich, öffnete mir Quellen, die sieden-
des, auf Igel strömendes Wasser naßnaß verström-
ten, Furcht dämpfend, Hoffnung fassendes, autistisches, segensreiches Rätselkind realitätsnäher machend.
Ich dachte, sicher sieht das Leben anderer Menschen besser aus als meines, doch besonders meine
Mutter zerstreute dieses autistische Denken. Sie
fand immer besänftigende Wege, meine Igelsangst
erträglicher zu machen.
Meine Hoffnung half mir auch, Französisch weiter
und besser zu lernen. Mein Kopf war arglos ange-
füllt mit grasgrüner Freude über die Schülerinnen,

die lustig und freundlich Arbeit mit meiner Mutter ohne falsches Denken an gute Noten warmherzig gestalteten.

Sie dankte mir für grasgrünes, hufeisenartiges Geschenk, meines Denkens Stütze sein zu dürfen, gab durch ihren Mut Antrieb, half mir, zur Selbstfindung zu gelangen. Dieses Arbeiten ist bis heute nicht abgeschlossen. Identitätsfragen quälen mich wie eh und je, Behindertenhefearsenale an Selbstbewußtsein gegen Umweltstörungen durch Indifferenz gibt es für mich noch nicht genug. Freßattacken fallen mich an, wenn die Hoffnungslosigkeitsgefühle rasendes Festessen in meinem Gehirn veranstalten, Surrealität über diesseitiges Wirklichkeitsgefühl siegen lassend.

Aber duftesfühlendes, giftloses, gedankliches Hilfsangebot meiner Eltern gab mir die Freiheit, während sie sich an rasierklingenscharfer Schwierigkeit, mit mir außerhalb der vertrauten Umgebung zurechtzukommen, nicht schnitten, sondern Schwielen holten.

Sie gaben mir Hoffnung, das grüne Land zu finden, wo Autisten dazugehören, wo Kußerfahrungen ihnen nicht versagt bleiben.

Ich war diesseits der Igeldefensive angekommen und wollte nun mehr Integration erreichen. Mein Heckendasein argloser Art, mein autistisches Differenzieren zwischen Realität und sicherem kindlichen Leben, zwischen der Wirklichkeit der »normalen« Menschen und meiner eigenen, zwischen den Wertvorstellungen gut und böse mich selbst unter böse, weil mißraten einordnend und doch manchmal akzeptierend, mein Heckendasein also wurde zu einer Suche nach zedernholzduftenden Wäldern, die mich aufnahmen, zedernholzduftenden Wäldern voller Tiere, die Igel akzeptierten. Meine Autistinnensehnsüchte fanden Nahrung in der Literatur. Ich hatte Desdemonas offenbares Glücksgefühl kennengelernt, als ich im Gymnasium am Unterricht teilnehmen konnte, redlich heimlich im Wohnzimmer lesend, Othellos Eifersucht differenzierend von anderer, weil er als Schwarzer eines jeden Weißen Underdog war. Ich hilfloses, körperlich reifes, vernunftbegabtes Kind sehnte mich nach einer erotischen Beziehung. Mein ufersgrünes Hoffen, von einem Jungen geliebt zu werden, im Gymnasium einen Freund zu finden, wurde arg enttäuscht durch das ablehnende Verhalten der Jungen, in die ich mich verliebte. Meine Mutter gab sich Mühe, mein kindliches Verlangen ufersgrauer Realität anzupassen, ich wollte aber Liebeslust. Beruhigendes Argumentieren fand ich lästig. Meine Aggressionen wurden schlimmer. Ich igelte mich ein in meiner Wut. Das sah sehr böse aus für meine Eltern, weil sie Vorräte an duftender Kugelwesten jederzeit »Aha-jetzt-ist-sie-wieder-giftig!«-Mentalität brauchten. Tugendhaftes, verständnisvolles Mütterlein litt sehr. Sie nahm sich keine Zeit für sich selbst, uferlos Gottes Willen, mich autistisch leben zu lassen, anerkennend.

Fände sich eines Tages, eines schönen Tages, jemand, der mir sagte, du gefällst mir, ich will dich als Freundin haben, so wäre das Siegesfortschrittskraftsgewinn für mich, aber auch für meine Mutter. Igelsstacheln wurden weicher, weswegen Durstesdrangsal mir zu schaffen macht. Ach, worin soll ich mich dingfest fühlen, worin realitätsgesund? Was wußte Gott von mir, als er beschloß, mich autistisch zu machen, zur Drangsal, nur zur Drangsal murrender Siegertypen, zur Erkenntnisgabe nur giftfreier Eltern und Freunde?

Ufersgraues, kratzendes Leben und riesiges Überwinden immer neuer Hindernisse festigen deftiges, luftiges Band zwischen mütterlicher Zurücknahme und töchterlicher Igelsmetamorphose in Erdenbewohnerin, die ihres Wesens Möglichkeiten kennt und agedumstark auslebt, ihn, den Schöpfer meiner Hilflosigkeit, lobend, daß er mich so gemacht hat, so und nicht anders.

Kursänderung gab mir Hoffnung, aber suggerierte auch, ich könnte ganz so leben, als sei ich nicht behindert, nur weil durch FC meine Intelligenz ans Licht geraten war, nur weil ufersgrünes Hoffen mir Festessensfühle gegeben hatte. Trotzdem blieb der Neid. Ich legte mich auf die Couch, beneidete meine Schwester – sie hatte ein Baby bekommen –

um ihr Glück. Gottes Kind jammerte, weil meine Schwester Pamela ein Baby hatte. Fassungsloses, igelsdunkles Gefühl ergriff von mir Besitz. Ich fühlte nur noch Neid. Das kleine Kind regte mich furchtbar auf, so daß ich meines Tuffsteingehirns Qualen dauernd spürte. Ich tobte Tastatur des Zornes rauf und runter, raste in meinem Zorn umher, hatte keine Ruhe mehr. Gottes Kind plagte der sadistische Neid. Ufersdunkel war furchtbares Gefühl für Uhus Kind, jetzt gesamtes autistisches Unglück wieder spürend: Ihiririhihi, sie bekommt ein Baby nie. Ich den Ardennenangriffen meiner Gefühle ausgesetztes Kind dachte: »Igittigitt! Mein Igelgastrecht an Pamis Tisch duftet furchtbar nach meiner Entartung.« Mir ging Pamis Glück aufs Gemüt. Giftig beobachtete ich quälende apfelbackige Mutter, wenn sie Noah, meinen Neffen, im Arm hatte. Ich war voller Mißgunst, ich quälte mich, bis daß »Oh, es gelingt uns nicht, Esaus Neid zu besiegen!« kollegiales Gefühl in mir weckte und ich anfing, Noah, meinen Neffen, zu lieben. Ich, kaffeebraunes Baby gesagter Art heiß liebend, kann nun mit meinem Neid fertigwerden. Zur kessen Schwester habe ich wieder eine gute Beziehung. Igelmutter, Noahs Oma, lacht wieder, wenn er da ist. Zerstreuen konnte ich ihre Furcht, Esaus Neid könnte Noah gefährlich werden.
Heute weiß ich, daß Noah mich akzeptiert. Ohne dieses Wissen wäre ich nicht mit Eifersucht und

Neid fertiggeworden, Giftesattacken hätten mir immer wieder zugesetzt, Giftesangriffe hätten Mißgunst in Gefahr für dieses herrliche Kind verwandelt. Historisches Esaugefühl war ergiebiger Liebe gewichen, Noah, der Prinz unter den Bübchen, war gutes Wasserwasser auf Stacheln, die nach innen stachen, war Offenbarung dessen, was an Güte, esaufern, hufeisengeprägt, warm und weich in mir steckte. Er gab durch seines Duftes lachendes Wesen mir arsenalsarmer, efeugearteter, wehrloser, Grasareale absteckender, ach, Grasareale an Hoffnung suchender Autistin Lust, Siegesstärke wiederzuerlangen, wieder unter die Normalen zu gehen. Oha, Siegesarmut öffnete historisches Tor, Efeu rankte sich enger um seines Stammes Rinde, ich engte meine Mutter immer mehr ein. So sah sie bald astreines, ostentatives Schreien und Haareausreißen, meines arsenalsarmen Wesens Offenbarungen durch Aggressivität, wieder. Sie gab sich Mühe, das rasende Geschöpf zu bändigen, aber ich war stärker als sie. Deshalb konnte sie ihres Körpers Unversehrtheit nicht drastischer Angriffslust entziehen, so daß sie Drangsal kaum zu ertragen vermochte.

Küßte mich aber Noah, sah die Welt festlich aus. Ich gab mir Mühe, meine abrupten Bewegungen, die mich zwanghaft überfallen, zu unterdrücken, um ihm nicht weh zu tun, kurz: Gratwanderung auf schmalem Pfad des Realen, des Möglichen an

Selbstbeherrschung war erfolgreicher, als ich es mir zugetraut hätte.

Trotzdem waren für mich dursterregende Hindernisse an jeder Wegbiegung aufgestellt: Ich verliebte mich in Thorsten, meinen Zivi, der mich zum Gymnasium begleitet. Uferlos war hilflose Hoffnung, er könnte meine Zuneigung erwidern. Aber er küßte Andrea, die er liebt. Gefaßt habe ich mich immer noch nicht, auch wenn ich weiß, daß er mich nur mag, ach, nur mag, aber nie lieben wird.

Ich schrieb Briefe, die meine Sehnsucht nach Zuneigung ausdrückten, an verschiedene Jungs, die Gott auch autistisch gemacht hatte, aber es war keiner dabei, der mir hätte gefallen können. Gefallen könnte mir zu guter Letzt ein lieber, autistischer Leidensgefährte, aber bisher habe ich noch keinen gefunden. Ich suche weiter. Finden werde ich bestimmt jemanden.

Ich vielseitiges, Wasserwasserregen abwartendes und dafür kämpfendes Wesen faßte Suffragettenheadache meiner Mutter als unausweichlich auf. Fissuren zur guten Lösung werden zu lassen, Spaltungen zwischen ihr und meinem Vater in hoffnungsvolles, dingfestes Denken umzuwandeln, worunter ich so öfter göttliches Walten sah als Plage des Lebens, half uns allen, grasgrünes Hoffen nicht zu verlieren.

Mästend, fressend, Fürstliches verlangend, ohne Mutes Agedum-Haltung verbrachte ich meine

Zeit, Urtiefen meines Unglücks beweinend, ohne daß Tränen geflossen wären, denn richtig weinen konnte ich nicht. Das offengiftige schluchzende Geräusch, das ich von mir gab, war eher komisch und abstoßend. So also faßte ich die Erkenntnis meiner Behinderung als Last auf, statt sie als Chance fürstlicher Realitätsbewältigung zu sehen.

Nun aber gebe ich, deadsadsadsad Mutesbeweise erbringend, tresterfassendes, in der Vergangenheit wühlendes Verhalten als wenig erfolgversprechend auf, konzentriere mich auf das Aktuelle, fasse Zutrauen zur Kursöffnung, zur Wesensveränderung meiner Igelexistenz und versuche, mich zu integrieren.

Ohne das Zeitgefüge meiner Erzählung zu waffenloser Wortgefaßtheit zu gestalten, ohne die Chronologie zu verwirren, gelingt es mir nicht, kralliges Verwandlungsgeschehen, Ullas Oha!-Erfahrungen, bösartiges Dossier dieser Wiesenpratererfahrungen an Überlegungen über die Ungerechtigkeit des gesagten Schicksals zu schildern. Ufersärger, Überdenken meiner Situation gibt mir die Möglichkeit, Düsteres daraus zu vertreiben. Deshalb noch ein kleines Aperçu: Als ich zur Ready-for-fun-Oberstufe ging, verliebte ich mich in einen Jungen, der saftiges Arbeiten sehr förderte. Gemeint ist meine Integrationsarbeit. Er sprach mit mir, er lachte mit mir, kurz: Er behandelte mich wie ein digitales Wunder, wie das waffenlose Wesen, das ich bin, so daß ich ihn mißverstand und Lustgedanken mich bedrängten. Wortloses Anlachen trug dazu bei, daß ich dachte, ich gefiele ihm. Adernkerniges Kätzchen hatte Hoffnung, einen Lover zu finden. Er, ach, er gab mir drastisch zu verstehen, daß ich keinerlei Chance bei ihm hätte. Er ging mir aus dem Wege. Wenn ich kam, ging er weg. Ufersgrauer Ohnmachtsgedanke bestätigte sich: Ich war Außenseiterin und würde es bleiben.

Fast hätte ich Mutesbeweise vergessen, die ich gab, als ich mit meiner Mutter in deren Unterricht war. – Ich gestehe, daß ich auch wegen der Jungs am Unterricht teilnahm. – Lateinische Übersetzungen ins Deutsche fielen mir leicht. Ach, die Jungs hatten keineswegs Liebesinteresse an mir. Zerstreut wurde aquamarinblaue Hoffnung auf segensreichen Freund aus dieser Gruppe. Teatime mit Thorsten habe ich trotzdem gern. Adernkerniges Kätzchen werde ich sein, und ich werde weiter suchen.

HELLS ANGELS
AKZEPTIEREN MICH?

Gottes Affenkind dachte, es könnte alles so machen wie seine Schwester und zum Gymnasium gehen, dann zur Universität. Ach, Uhus Affenkind, Uferdunkelheit gewohnt, trat den Weg affenartiger an, als ihm klar war. Mein saftiges Arbeiten an der Schule meiner Mutter faßte Quellfreude aus armer Quelle.

Ich ging inzwischen zum Cusanusgymnasium in Erkelenz, weil unser Haus in Kempen abgebrannt und wir nach Erkelenz gezogen waren. Meine Wünsche sagten gesunden Schülern: »Ihr zedernholzduftendes Sehnen artet aus zu einer Arbeitsbelastung für uns. Esau artet aus. Er macht zuviel Radau.« Ich flog aus dem Philosophiekurs wieder raus. Das sah ich auch ein. Mein Vater, der Lehrer an dieser Schule ist, suchte einen anderen Kurs.

Was meine Fähigkeiten zu arbeiten betraf, so läßt sich sagen, daß Reaktionen auf Fragen mühsam waren. Es gab ganz schlimme Zeiten, in denen ich jede Frage Urangst auslösend erlebte.

Der Kurs katholische Religion sagte mir zuerst nichts. Ich sah dort gasartige Gefahr für mich, und

ich zagte, als der Lehrer versuchte, mich einzubeziehen. Aber nach einiger Zeit hatte ich diese
Angst überwunden. Astreines, aquamarinblaues
Arbeiten wurde möglich, Nervosität legte sich. Ta-
stend sah ich, wie Arbeit geht, wenn Affenverhalten, Radauschlagen, Schreien und Ausflippen be-
siegt sind.
In einem anderen Kurs störte mich Arbeiten aal-
glatter Sachlichkeit. Ach, ich gab mir Mühe, sehr
still zu sein, aber der arrogante Lehrer regte sich
auf, wenn ich unruhig wurde. Er gab sich – hedoni-
stisch sedierend, warmherziges Kätzchen ignorie-
rend, gar dunkles gasartiges Angstgefühl saftiger
Art nicht erkennend – mehr wie terre des hommes,
als er war. Mein armes Herz dachte, es sähe affen-
duftendes Verhalten wieder aufsteigen, aber dann
sagte ich mir: »Das will ich versachlichen.« Ich gab
mir sehr viel Mühe. Ich gedachte, gymnasiales
Arbeiten zu affenartiger Gewandtheit zu machen.
Ich faßte mich und arbeitete ruhig mit, geckenhaft
vermitteltem Wissen zuhörend, mein Affenverhalten sedierend, drastisch reduzierend durch große
Selbstdisziplin. Mein Arsenal an wertvoller Diszi-
plin reichte aber nicht aus. Ich flog aus dem Kurs
raus, Freizeit, mit der ich nichts anfangen konnte,
dafür eintauschend, deswegen früher in die Rurtalschule gehen müssend, bis daß mein Vater mir
einen neuen Kurs vermittelt hatte.
Sehr sauer war mein, Nessies, armes, festessensu-

chendes Herz nicht, weil es Affengefühl in dem Kurs drastisch vermittelt gekriegt hatte: Die Schüler sahen rasend angewidert zu, wenn ich aß. Sie kicherten. Sie vermittelten mir Areale an qualvoller Angst, wenn ich zu ihnen mußte: Sie arteten aus zu realitätsangstgebender »Was-ist-das-für-eine-drangsalierende-dumme-Kuh!«-Haltung. Ich wünsche ihnen, daß sie solche Qualen wie ich, Nestwärme suchend, nicht durchlaufen werden. Ach, ich sah sah sah, wie segensreiches Arbeiten ist, Gottes Kind sah, Affengeschöpf sah, aquamarinblaues, hoffensdingfestes Arbeiten sah ich, ach, ich sah, quälte mich, sah sah sah, dachte, meine Igelreste wären verdammt zur untätigen, uhuaffenkindquälenden Warterei auf Erlösung. Mein Warten auf Akzeptanz artete aus in Selbstzweifel, Teatime, Affenkind sedierend, artete aus zur segenslosen Zerstreuung. In die Realität zurückholendes Arbeiten mit Gipsverbände um meine Seele legender Mutter verschaffte mir einen engeren Bezug zur Wirklichkeit. Rasend schnell sah ich, was Arbeit bewirken kann: realitätsastreine Zufriedenheit.
Meine Deadsadsadsadgefühle beschriebener Art faßten hoffnungsvolles, festessendes, richtungsveränderndes Arbeiten mit meiner Mamma so auf, als könnte es meine Akzeptanz verändern. Ich sah aber, daß es sehr schwierig war. Mein surreales, saftiges Esaudenken wandelte sich, meine Esauwärme seasideartig abkühlend, zu segensloser Re-

signation. Mein Sadismus, ärgersstark, das Erreichte abstreitend, richtete sich gegen meine Mutter. Sie wurde sehr gequält.

Resedagrünes Liebesverlangen, todtraurig quälend, raste durch meinen Kopf. Resedagrünes Hoffen, segensreiches Arbeiten, sehe ich jetzt viel realistischer: Es wird das gesamte Potential meiner festwarmen Mutter, Kopfschmerzen zu ertragen, ausschöpfen. Sie wird segensreiches Arbeiten deadsadsad gesamtes Leben gedanklich und praktisch erledigen müssen.

Ach, ich hätte ihr eine schönere Zukunft gewünscht. Aber was soll ich tun ohne sie! Sie ufersgrünes Wesen gibt mir Saftesgras, millionenfaches Hoffnungsdenken, Offenheit für Zukunftspläne. Ich kann deshalb deadsadsad graues, gesagtes, Qualen verursachendes, aber auch zedernholzduftendes, gurrendes, furchtbares, leidendes, ahnungsvolles Dasein nur mit Mühe ertragen. Wut und Enttäuschung beherrschen mein Denken. Segensreiches Arbeiten gelingt immer seltener. Rasendes wirres Fühlen zerstört mein Denken. Zornig vor Schmerz schlägt meine Hand vor mein Bett. Nur Betäubung meiner Qual verschafft mir dieser Reiz. Nachts liege ich grübelnd im Bett und zerreiße mein Hirn mit der Suche nach einem Ausweg.

Ich will akzeptiert werden. Meine Sehnsucht nach Liebe brachte Wasserwasserwasserregenschauer, deren Saat aufging, siegesgewisser, als ufersgrünes vorheriges untätiges Hoffen, indem ich arbeitete, meine Lust auf Liebe in richtiges Ackern mit meiner Mutter verwandelnd. So tauschte ich Aufund-ab der Realitätsferne gegen Wirklichkeitsdenken. Deadsadgefühle zerstreute ich durch Aufenthalte an der Schreibmaschine, wo resedagrünes Hoffen guter Arbeitshaltung meine Anwandlungen von Zorn und Erregung dämpft.

Ist es abwegig, wenn ich hoffe, daß ich Igelstacheln abwerfen kann? Zur fragenden Urgestalt der Igelexistenz kommt der Wasserwasserregen ohne Trara, wenn es Menschen gelingt, ohne Ufersfurcht, ohne Angst, anzuecken, mit mir unter wirren Bedingungen zu leben, mir durch ihres Istgefühles Forderungshaltung, durch die gute Realitätsanpassung, durch Lust an der Wirklichkeitsgestaltung in Fairneß hefewarmes Lebensgefühl zu vermitteln, ohne daß ich nur Ergebnisse ihrer Planungen akzeptieren muß. Offenes Diskutieren richtet weniger Schaden an als bevormundendes Heimlichtun. Wer mir helfen will, soll ehrlich zu mir sein, sonst geht das Hefegefühl verlustig.

Im Garten Eden

Kußlos sah ich die Provence wieder. Kiloschwerer Kummer fiel von mir ab, als ich Kirchen und Landschaften wieder in Grußidealen zu Katja sprechen sah, zu Esau sprechen hörte, Purismus kölscher Art ablehnend, riesig und ufersgrün, lustsedierend und körperermüdend. Kölsches Denken hatte mein Gefühl dieser Sauberkeit geprägt, die mich lustlos macht. Ufersgrünes Frankreich in seiner Schönheit, die so fröhlich ist, half mir, Kußlosigkeitsfrust hussitengleich zu vernichten.

Realitätsfürchtendes Esaugeschöpf wurde siegesgewisser, giftloser als in Deutschland: Ich wiegte mich in der Schönheit der Gegend. Ich wurde offen für anderes als Liebessehnsucht. Ich sah, daß die Welt schön sein kann, wenn man sie will. Ich wollte sie. Ist dem Liebesleid Öresunddurchfahrt gelungen? Legt dieses ufersgrüne gurrende Land lustvolles Leben in meine Seele? Liegt mir siegesgewisser Erkelenzerin die Welt zu Füßen? Ustinovsches Lachen überfällt mich, Ruhe siegt über giftiges Ohnmachtsgefühl, wenn ich in dieser traumhaften Schönheit Gottes alter Häuser, Dörfer oder riesiger Wälder laufe. Traumhaft und Ideales im Werden offenbarend, ruhte die Provence schon lange in mir. Ich habe es nur nicht gewußt.

Gottes Provence gefällt mir sehr. Jodelnd trage ich grasgrüne Hoffnung öfter vor mir her, Ärgers Wellen erfassen mich seltener, Überlegungen über meine Zukunft quälen mich weniger. Öfter als ursprünglich traue ich mir zu, ziemlich arenastarkes, selbständiges Leben zu führen. Igelstacheln werden weicher, Drangsal durch Zornesausbrüche wird geringer, Durststrecke meiner Wahnideen jodelnder Wirklichkeitsferne, Trugbilder meiner Hoffnungen, mit einem nicht behinderten Mann zu leben, erkennen ihres Kunstproduktes Quälerei.

Igels Wahnsinnsidee, Teatime mit einem Zivi wäre Liebesbeweis und ersetzte mir Liebe meiner Mamma, wäre pragmatischen Ängsten meines Mütterleins überlegen, wenn ich tolle Boys anhimmelte, die ich unter Gymnasiasten kennenlernte, kasteite kiloweise Mutters armes Herz. Igels Möglichkeiten, einen Freund zu finden, erwiesen sich als eingeschränkt.

Lotterielosartig versuchte Ulla, autistisches Glück für mich zu finden, indem sie autistische Jungen einlud. Aber ich war finsterer Vergangenheit nicht entronnen, um nun mit einem anderen Autisten mir Dunkelheits Zedernkühle zu teilen. Ich will einen Mann, der lebenslustiger ist als trauriges Igelkind, als Esaus Lea, als Leas Esau, als Gottes

autistisches, Qualen wagemutig ertragendes Affenkind, als Zechkumpan der öfters auftauchenden
Gymnasiasten, die sich für mich interessieren. Ich
will einen Mann ganz für mich allein, grasgrünes
Hoffen verstärkend, Hilflosigkeiten abbauend.
In der Provence, im frühlingskernigen Licht des
mistralklaren Himmels, lerne ich, Liebessegen
finsterer Art abzulehnen, meine Sehnsucht nach
Liebe realistischer zu sehen, Traurigkeiten wegen
dunkler, qualvoller, seelischer Not, ätiologischer
Wahnsinnshusterei realistischer zu erfahren, Autismus gelassener zu ertragen.

GRATWANDERUNGEN
AUF SCHWERER WOLKE

Ich gehe noch immer ins Gymnasium, von einem Zivi begleitet, den ich sehr schätze. Ohne ihn wäre das für mich nicht möglich: Gesagte Gründe gelten immer noch. In den Kursen bin ich nur geduldet. Drastisches Arbeiten gibt es für mich Autistin nur unter erschwerten Bedingungen, weil ich mich nicht am Unterricht beteiligen kann: Ich gehe hin und höre zu, ohne mich zu äußern, weil ich nicht reden kann und es zu schwierig ist, wenn Christian, mein Zivi, für mich sprechen muß. Es dauert lange, mich erst zu stützen, um mir dann die Stimme zu leihen.

Mir gefällt es an der Oberstufe sehr gut. Realitätserfahrungen meckernder Schüler, deren spöttische Blicke und Bemerkungen für mich schwer zu ertragen sind, Giftes Attacken verstärkend, sind mir lieber als Isolationsangst und Abgeschobensein. Uhus aberwitziger Wasserwasserregensentzug nimmt Desdemonas Hoffnung den Siegeswillen. Meine autistische Prägung wirkt abstoßend auf viele Menschen, aber ufersgrünes Licht macht fürstliches Gelingen wahrscheinlicher, Ullas eigenes Leben wird weniger eingeengt, wenn ich Unselbständigkeitsgehabe schwächen lerne, wenn es für mich eine andere Lebensform als zu Hause gibt. Wir suchen eine Wohngruppe, die mir Förderung, nicht Stagnation oder Rückschritt gibt, die Siegesverhalten offen fördert, die Integration erstrebt – ach, dieses Reizwort, viel strapaziert, selten realisiert –, die uns Autisten akademisches Lernen ermöglicht, die unsere Hochbegabung anerkennt, obwohl wir wie Schwachköpfe wirken, die es arsenalsartig ermöglicht, Wehrkraft stärkend, in die Welt der »Normalen« zu gehen.

Bisher haben meine Eltern und ich eine solche Gruppe nicht gefunden. Meine Mutter würde gerne eine gründen, hat aber hier wenig, besser, gar keine Mitstreiter. Umziehen möchte ich nicht: Unser Haus gefällt mir sehr gut, ich bewohne ein schönes Zimmer, das mir viel Geborgenheit gibt.

Murrendes Lebensgefühl meiner Mutter hustet vor Müdigkeit. Ich first-class-verwöhntes Kind bussel etwas wenig im Haushalt, besser gesagt: Ich tue gar nichts, mache aber in meiner Hilflosigkeit viel Arbeit.

Ich Home-Prinzessin also gehe forscher durchs firmamentgedeckte Würdenfürstentum, wenn riesengroßes, hirtengeborgenes Grasland mir lacht.

Es wäre sicher für meine Mutter nicht sehr angenehm, wenn ich ihre Müdigkeitserscheinungen schilderte. Ustinovsches Lachen verging ihr oft, wenn sie soviel mit mir schrieb, daß für sie die Zeit ganz schrumpelte, für sie Raum und Ofenwärme fast aufgezehrt waren.

Fragend dankte sie es der Esau-Entwicklung, daß es Durststreckenüberwindung gegeben hatte. Durch sie kam ich zur Schule für Kopfstarke, lernte, wie es sich arbeitet, wenn Schüler als Partner gesehen werden, nicht als lästige Störfaktoren für Lehrerinnenwohlbehagen, jagte meines Autismus Attacken zur Tür hinaus, gewann an Selbstvertrauen.

Als wir nach Erkelenz zogen, hospitierte ich, wie gesagt, an der Schule meines Vaters. Die besuche ich auch jetzt noch, unsystematisch, geduldet, oft verspottet, von vielen Lehrern aber auch gefördert. Ist es vermessen zu glauben, daß ich das astreine Arbeiten noch lernen werde? Jetzt sehe ich ein, daß ich oft den Unterricht verlassen muß, weil es mir nicht gelingt, ruhig zu sein. Ich mache Zoff, der Zivi geht mit mir raus, er versucht es noch einmal, Erfolge sind da. Feature ändert sich. Öresundpassage wird wahrscheinlicher. Vielleicht kann ich einmal studieren. Äpfelchen Ulla macht mir Mut, es zu versuchen.

Ich nutzlosigkeitsverdammtes Wesen werde süßes, hufeisenartiges Liebesglück vielleicht nur spät kennenlernen. Ohne Ärger rassistischer Art, ohne Probleme mit Menschen, die mich ablehnen, weil ich behindert bin, werde ich nur selten leben können, Ullas Schutz einmal entbehren müssend.

Trotzdem möchte ich mich bilden dürfen, möchte ich nicht um alles kämpfen müssen, was anderen Jugendlichen nachgeschmissen wird, obwohl sie es gar nicht zu schätzen wissen. Kölns Universität zieht mich kräftig an:

Dort habe ich inzwischen im heilpädagogischen Institut Interviews gegeben und Freunde/Freundinnen gefunden, die mich zu Hause besuchen und auch zu sich einladen. Hilfsangebote wasserwasserregenfestlicher Art ohne Berechnung peinigen mich weniger als früher: Ich kann mir jetzt allmählich vorstellen, nicht mehr immer zu Hause zu leben, wo Ullas duftekerniges, unterstützendes, liebendes Verhalten mir das Entwickeln eigener Vorstellungen erleichtert. Ach, woher soll ich eine Perspektive zaubern?

Ich suche eine Möglichkeit, ohne mütterlichen Einsatz soviel Förderung zu erhalten, wie ich jetzt fassungsfindend bekomme, identitätsfindendes Arbeiten fortsetzend, zu dem gurrendes, apfelbackiges Mütterlein mich immer wieder ermutigt. Wer soll das übernehmen?

Bisher haben wir nur Wohngruppen kennengelernt, in denen FC unvertraut ist. Eine Ausnahme bildet eine Gruppe in Köln-Rodenkirchen, aber dort ist man noch nicht so weit gekommen, wie wir hier zu Hause: Ich bin dabei, erst einmal meinen Hauptschulabschluß auf dem zweiten Bildungsweg nachzuholen. Das mache ich neben dem Gymnasium, von meinem Papa begleitet, in Abendkursen. Ärgerlich ist für uns, daß es keinen anderen Stützer gibt, der abends mit mir losziehen kann. Ach, Ulla hat viel versucht, um jemanden zu finden, aber es gab keinen Interessenten, so daß Papa, statt sich auszuruhen, sich den Abend bis nach 23 Uhr zweimal die Woche um die Ohren schlägt, Omi Ullas Müdigkeit schonend. Läge in unserer Nähe eine Autismusambulanz, hätten wir vielleicht mehr Unterstützung.

Für mich bedeutet das Zusammenleben mit meinen Eltern, daß ich Schulabschlüsse nachholen kann. Ohne meine Mamma wäre auch dieses Buch nicht entstanden: Über ein Jahr lang hat sie mich fast jeden Tag gestützt, damit ich es schreiben konnte. Ich habe es ins Französische übersetzt, und es wird auch in Frankreich erscheinen.

Wer sollte das alles in einer Wohngruppe mit mir tun? Jedenfalls wüßte ich bisher nicht, wo es solche Möglichkeiten gäbe. Deshalb bleibe ich noch bei meinen Eltern. Omi Ulla und grauer Papa helfen mir, wo sie nur können. Wer hilft ihnen?

Siegesgewisses Arbeitsverhalten meiner Mutter trägt nun Früchte: Ich Sisyphuserdling finde Freunde, die an guter Arbeit mit mir Interesse haben, für die ich gleichberechtigt bin, obwohl behindert, die meine Intellektualität anerkennen. Ufergrünes Hoffen auf eine Existenz in Würde und Wärme hilft uns, mit den täglichen Schwierigkeiten fertig-

zuwerden. Ulla versucht, eine Gruppe zu finden oder zu gründen, die für uns FC-Autisten
Zukunftsperspektiven erarbeitet. Sie fand bisher
wenig Echo in unserer Gegend. Sehr drückend ist
das für sie. Ömchens Kraft wird aufgebraucht,
Realitätskampf macht sie grau und apfelbackig
müde.

Riesig sind ihre Erfolge, was meine Kontakte angeht. Auch mein Verhalten hat sie sehr beeinflußt.
Aber sie sieht kein Ende der Zusammenarbeit,
ohne daß es für mich fürchterliche Rückschritte
gäbe. So muß sie auf eigenes Leben weitestens verzichten. Sie lebt mein Leben mit. Das artet leicht
aus zu Opfergefühlen, die sie bisher vermeidet,
weil sie eine lustige Frau ist, die sich auch einmal
etwas nimmt. Solche Gelegenheiten werden, ach,
seltener, seitdem ich überwiegend zu Hause bin.
Arsenal an Kraft sieht sie schwinden. Sie wehrt
sich. Aber ist Omis Kraft ausreichend, um für mich
eine Existenz zu finden?

Sie sieht, daß Erfolge sich einstellen. Das gibt ihr
Kraft weiterzumachen. Und ich gebe ihr Dankbarkeit, so gut ich es kann.

Igels Schlusswort

Ich gedachte, Igels testa-
mentarisches, esaugedankliches Grußwort an alle
zu richten, die mit Autismus zu tun haben. Liegt
Igels Leben wie ein aufgeschlagenes Buch vor
Euch, sollt Ihr Esaus Öresundsuche unterstützen:
Ich will Ursprünge lustvoll ruhen lassen. Zu-
kunftslust ist mir wichtiger, testamentarisches
Wegesgeleit furchtloser Qualität habe ich nötiger
als oligarchisches Denken. Oligarchisches Denken, sofern es mich nicht Entscheidungen selbst
fällen läßt, kann Ideen zerstören, die Igelstachel
weicher gemacht haben. Oligarchien helfen, Fortschritte in der Autismustherapie zu untergra-
ben. Autoritätsgläubigkeit, ufersdunkle Überle-
genheitsvorstellung, lustloses, liebloses Umgehen
mit Autisten legt Siegeswillen lahm. Kußartiges,
pustendes Verhalten äpfelbackiger Mütter ohne
riesiges Streben nach Bekanntheit, ohne Furcht
vor Isolationsgefahren zerstreut Igels Trauer, of-
fenbart Igels Kunst, sich zu entwickeln, Ekelsge-
danken Esaus erträglicher zu machen, Gottes Welt
ohne Qualen zu erobern, ohne Qualen, die Autisten reserviert sind.

Ich wünsche mir, daß viele Menschen süßliches Verhalten unterdrücken und uns Autisten so neh-men, wie wir sind: als Gottes ohne Wall und Gra-ben gebaute Festungen.

Dritter Teil mit Briefen, Gesprächen und Geschichten

»Igel, Nilpferd, Gotteskind.«

Im Sommer 1995 vereinbarte ich mit den Schülern meines Leistungskurses Latein eine Kursfete bei uns zu Hause. Katja durfte mitfeiern. Später wird sie mit Hilfe dieser Gruppe ihre ersten mühsamen Schritte ins Gymnasium, ihre – wie sie es nennen wird – »Kilimandscharobesteigung« wagen. Das wußten wir jedoch im Sommer noch nicht, wie wir auch das Ausmaß von Katjas Lateinkenntnissen noch nicht kannten. Sie gibt diese auch in diesem Brief an die Schüler nicht preis, sondern erst wenige Monate später.

Wir haben den Leiter von Katjas Sonderschule um Hilfe bei der Suche nach einer angemesseneren schulischen Förderung gebeten. Er schlug vor, ich solle Katja mit in meinen Unterricht nehmen. Ich wies darauf hin, daß zum Beispiel in meinem Leistungskurs Latein Katja mit Sicherheit überfordert wäre.

Als wir wieder zu Hause waren, fing Katja unser Gespräch mit Hilfe der gestützten Kommunikation auf lateinisch an. Meine Frage, ob sie Latein »könne«, beantwortete sie mit »ja«. Daraufhin las ich ihr die Epistulae morales von Seneca vor, die mein Kurs gerade durchnahm, und sie übersetzte ohne Stocken mehrere Zeilen.

Aber so weit sind wir, wie gesagt, zum Zeitpunkt dieses Briefes noch nicht.

Als Katja ihn schrieb, wohnten wir noch in Heinsberg-Kempen. Dort brannte am 15. September 1995 unser Haus ab. Deshalb sind vom 15. Dezember 1995 an die Briefe in Erkelenz datiert.

Heinsberg-Kempen, den 11. Juli 1995

Liebe Schüler von Mamma,

das scheint tatsächlich zu stimmen, daß Ihr heute abend kommt. Es freut mich aufrichtig, daß Ihr kommt. Samstag war ich auf einer Fete. [Das stimmt nicht. Katja will aber auf diesen Satz nicht verzichten.] Hoffentlich können wir hinten auf der Wiese sitzen. Es gefällt mir da sehr gut.
Wahrscheinlich esse ich wenig, weil ich denke, daß ich Euch störe. Es redet sich besser über mich, wenn ich nicht dabei bin. Es redet sich auch gut mit mir, wenn ich dabei bin.
Es ist mir möglich, alles zu verstehen, aber ich kann nicht alles sagen.
Ich esse wenig, weil es mir Angst macht, Euch anzuekeln.
Es sieht im Moment nicht so aus, als ob wir draußen sitzen könnten, aber vielleicht klappt es ja doch.
Daß Ihr Mamas Lateinkurs seid, weiß ich. Ich kann auch ein paar Wörter Latein. Sehr gern habe

ich das gelernt, wenn früher Pami abgefragt wurde. Zum Beispiel: rusticus – der Bauer, miles – der Soldat.
Ich bin neugierig auf Euch,

Katja Rohde

Im September 1995 frage ich die Schüler meines Literaturkurses, ob Katja in unserem Unterricht hospitieren darf. Die Gruppe reagiert sehr offen. Am 11. September, bevor sie zum ersten Mal ihren Mut zusammennimmt und am Unterricht teilnimmt, schreibt Katja, von mir gestützt, dem Kurs einen Brief:

Heinsberg, den 11. September 1995

Liebe Schüler des Literaturkurses,

ich bin sehr gespannt auf Euch, und ich freu mich zu hören, daß Ihr mich dabeihaben wollt. Um diese Richtung zu wählen, brauche ich viel Mut und Energie. Genug habe ich davon. Heute gelingt es mir, Euch zu schreiben. Vielleicht gelingt es mir auch zu ertragen, es immer zu versuchen, es jeden Tag zu tun.

Ich kenne Euch nicht. Für mich seid Ihr furchtbar ruhige Wesen. Heute denke ich zufrieden an Euch, heute benehme ich mich gut, statt unverschämt zu essen oder Mama an den Haaren zu ziehen. Mir fiel nichts Mutigeres ein, als Euch heute zu schreiben. Ich nehme gern an Eurem Unterricht teil und bin gespannt zu erleben, es mit nicht Behinderten zu tun zu haben.

Lieber jetzt als nie möchte ich mich unter Euch bewegen. Lieber jetzt als nie möchte ich mit meinem ungeheuren Unternehmen beginnen. Hiermit möchte ich unter nicht Behinderten lernen, weil es in mutigen Menschen liegt, immer zu neuen Unternehmungen bereit zu sein. Junge Menschen haben Mut, Liebe. Lobt nicht mit mir Mut und Liebe, ohne in Wirklichkeit miteinander zu richtigen Hilfen zu greifen. Ändert lieber junge Menschen, als älteren zu Hilfe zu kommen. Ich bin egoistisch, weil unsere Gesellschaft mich immer ruhiger entmutigt, zu roter Kimonokriegsburschung hin kolossal unternehmerisch tätig zu sein.

Jetzt bin ich kleinmütig. Jetzt bin ich lieber ruhig, als mich zu heftig in richtiger Sprache zu unterhalten. Öfter in Linien Linien lähmend liegen.

Kummer ist mit Eurer Hilfe kleiner,

Eure Katja

Katja schreibt ihrer Schwester zum ersten Mal einen Geburtstagsbrief.

Heinsberg, den 5. November 1995

Meine liebe Pami,

zum Geburtstag wünsche ich Dir alles Gute, und ich werde morgen an Dich denken. Du bist meine liebste Schwester. Ist Dir das gar nicht unangenehm? Ich arbeite am astreinsten mit Dir, weil Du so sehr an mich glaubst. Findest Du, daß ich Fortschritte mache?
Es tut mir gut, daß Du Reden durch Taten ersetzt. Sehr schön fand ich es gestern bei Gisela. [Gisela, Pamelas Freundin, hatte Pamela *und* Katja zu einer Fete eingeladen.] Gisela. Zuerst hatte ich Angst, aber dann gefiel es mir sehr gut. Du erziehst mich zu Selbstbewußtsein und Stärke. Ich möchte unheimlich gerne sehr ausdauernd sein, so daß ich Sicherheit durch Asse und sagenhafte astreine Wünsche erhalte. Ich schreibe Dir suggarartiges assesfcartiges Zeug, weil ich Dir eine Freude machen will. Überlege, was es heißen könnte.
Gerne ging ich mit Dir durch dunkle Dachkam-

mern, wo wir Dinge finden könnten, die einen Esel sehr sauer machten. Ich unterhalte mich gerne mit Dir, weil Du in reiselustiger Art riesige Dachkammern durchstreifst.

Sei herzlich umarmt und geküßt

von Deiner Schwester Katja

Am 16. November 1995 hatte Katja morgens in meinem Unterricht im Kreisgymnasium Heinsberg, begleitet von ihrem Zivi Stefan, hospitiert und war dabei so laut geworden, daß ich sie hatte »rausschmeißen« müssen. Zu Hause hatte sie mich dann noch heftig an den Haaren gezogen. Wir führten am Nachmittag folgendes Gespräch:

KATJA: Zuerst möchte ich mich entschuldigen, weil ich dir weh getan habe. Es essen die Ameisen sehr sadistisch meine Dachkammer auf.

ICH: Wie äußert sich das?

KATJA: Das heißt rasches Reisen durch mein Gehirn. Sie gasen die Gedanken ein, so daß ich ganz verseucht bin. Gesucht wird ein Düsenantrieb, der herausfindet, womit sie gesellschaftlich jeden Widerstand suchend ducken.

ICH: Arme Kati! Wie fühlt sich das an?

KATJA: Sie drücken auf die Kopfhaut. Ich werde dann ganz verrückt. Dieses Mal tun sie mir ganz weh, weil dir das Tuscheln mit Stefan fast auf den Keks gegangen ist. Ich kann gerne ruhig sein. Du brauchst dir für mich keine Sorgen zu machen.

ICH: Wie hättest du denn heute an meiner Stelle reagiert? Du hast ja nicht nur getuschelt, sondern du warst tierisch laut!

KATJA: Du hättest ganz huldreich die Frage stellen sollen, warum ich so laut bin.

ICH: Wenn du meine Frage hättest beantworten wollen, hätte ich dich stützen müssen. Das konnte ich nicht, weil ich den Unterricht nicht auf dich konzentrieren darf. Du kannst nicht ins Gymnasium gehen und dich dann so benehmen!

KATJA: Du machst deshalb zuviel Aufhebens. Sicher, daß usseliges Wetter daran schuld ist.

ICH: Was soll ich tun, wenn eines Tages die Eltern meiner Schüler Aufhebens machen und sagen, ihr Kind hätte schlechtere Noten als sonst, weil es sich wegen deines lauten und auffälligen Benehmens nicht hätte konzentrieren können. Ich selbst hatte heute große Konzentrationsschwierigkeiten, weil du so laut warst.

KATJA: Du gehst sehr mit mir verdammter autistischer Kuh ins Gericht. Gib mir noch eine Chance. Ich benehme mich jetzt wieder.

ICH: Was kann ich tun, wenn »die Ameisen« dir zusetzen?

KATJA: Tu riesig viel Gel in meine Haare, damit es nicht so juckt.

Auszug aus einem Gespräch, das Katja und ich am 10. Dezember 1995 miteinander geführt haben. Zu diesem Zeitpunkt hatte sie bereits regelmäßig in meinem Leistungskurs Latein hospitiert und sich dabei von anfänglichen zwei Minuten auf bis zu eine Doppelstunde gesteigert.

ICH: Kommst du morgen in meinen Lateinunterricht?

KATJA: Ja, natürlich, mit Vergnügen, liebe Mamma.

ICH: Wir sind mit der Niobe-Metamorphose [Ovids Metamorphose] ein ganzes Stück weitergekommen, sollen wir das eben zusammen übersetzen, oder meinst du, daß du es auch so kannst?

KATJA: FC-buntes Kätzchen kann das auch so.

ICH: Wie findest du Niobe?

KATJA: Ich finde, daß sie Latona hilflos nimmermüde konterkariert. [Niobe hat die Rechte der Göttin Latona verletzt und die Göttin geschmäht.]

ICH: Wieso hilflos? Sie strotzt doch nur so vor Selbstbewußtsein!

KATJA: Sicher. Gib lobenswerten Hesagillusien [Wortschöpfung von Katja] kontra.

ICH: Redest du darüber hinweg, daß du den In-

126

halt doch nicht kennst und jetzt zu faul bist, den Text eben zu übersetzen?

KATJA: Du jammerst konlegal mit ökologischer ökonomischer Unlust.

ICH: Nein, ich habe Lust. Darf ich den Text holen?

KATJA: Nein, omono mohomo Löffelstiel, lästig ist es und zuviel.

ICH: Aber morgen in der Schule wollen wir das Übersetzte interpretieren. Meinst du, du kommst trotzdem mit?

KATJA: Ja, nimm Kenntnis von mickeriger Genialität, gunstreiche Mamma.

ICH: Darf ich auch Kenntnis nehmen von Koketterie und Ironie, genialer Faulpelz?

KATJA: Versprich mir, daß du mich nicht einbeziehst, huldreiche Ulla.

ICH: Warum nicht?

KATJA: Weil mir das angst macht.

ICH: Versuchst du, das zu überwinden? Du kannst doch so tolle Beiträge bringen!

KATJA: Tritt mich in den Hintern, ohne mich einzubeziehen.

Katja meint das Unterrichtsgespräch, doch auch bei der Gruppenarbeit wollte sie sich nicht einer Gruppe anschließen. Wenn ich während der Partnerarbeit keine Schülerin meines Kurses als Partnerin hatte und mit Katja übersetzte, stellte sich immer wieder heraus, daß sie den Text schneller verstand als die Gymnasiasten. Wollte sich jedoch eine Schülerin zu uns setzen, um von Katjas schnellem Durchblick zu profitieren, litt Katja sehr. Sie zitterte am ganzen Körper und konnte ihre Stereotypien, ihr, wie sie es nennt, »Affenverhalten«, nicht mehr unterdrücken.

*Folgenden Dialog führten Katja und ihre Schwe-
ster Pamela am 20. Januar 1996. Pamela hat Katja
gestützt. Ihre eigenen Gedanken hat sie dabei
auch schreibend geäußert.*

KATJA: Ich bin heute so blöd, weil ich wütend
auf mich bin. Es ist so blöd, autistisch
zu sein und es immer sein zu müssen.
Es nervt, abhängig zu sein. Du hast es
soviel besser als ich.

PAMELA: Aber ich erinnere mich an Zeiten, in
denen du sehr viel Spaß hattest und sehr
lustig warst. Es liegt auch an dir, wie du
es anderen möglich machst, mit dir zu
leben. Ich weiß, du hast es viel schwerer
als ich. Aber ist das für dich Grund
genug, es mir auch zu erschweren? Dadurch wird mein Umgang mit dir nicht
besser.

KATJA: Du bist eine tolle Schwester. Du bist
eine sehr verständnisvolle Schwester.
Warum liebst du mich? Ich verstehe
dich nicht.

PAMELA: Liebe Kati, du stellst Fragen! Ich liebe
dich, weil ich mit dir aufgewachsen bin,
weil ich dich so gut kenne wie du mich,

weil ich mit dir den längsten Teil meines Lebens verbracht habe und weil du meine liebste und einzige Schwester bist. Eine Beziehung geht immer durch Höhen und Tiefen, aber ich hoffe, es wird sich alles zum Guten wandeln.

KATJA: Es freut mich, das zu hören. Vielleicht wird die Liebe über alles siegen. Das wäre schön, wenn die Liebe den Autismus besiegen könnte. Es wäre der schönste Traum der Welt.

Auszug aus einem Gespräch, das Katja und ich am 13. November 1996 führten. Katja wurde dabei von mir gestützt.

KATJA: Ich jillige Kuh jammere herum, tu nichts und nerve euch kernig, und statt zu handeln, fordere ich nur. Redest du mit mir, oder geht es dir zu sehr auf den Geist? Sag mir etwas dazu! Ersetze Desdemonas Liebe durch Othellos Vielfalt.

ICH: Worin lag denn Othellos Vielfalt, wenn er sich so von seiner Eifersucht beherrschen ließ, daß er Desdemona keine Chance mehr gab, sondern sie umbrachte?

KATJA: Er dichtete Gedichte, die Desdemona gefielen, und er war schwarz, deshalb jedes Weißen *Underdog*, tat Desdemona jeden Gefallen, hatte ihr ganz Treue geschworen, und er ist ihretwegen in den Tartarus gegangen. Ihretwegen ist Othello zur Hölle gefahren. Ihretwegen hat er Todesfurcht überwunden. Tat er ihretwegen Lustgewinn ab?

ICH: Wo hast du Othello gelesen?

KATJA: Ich habe Othello in der inneren Igelschule

gelesen. Tartarus ist griechisch. Tu nicht so unschuldig!

ICH: Wo war der äußere Rahmen für die innere Igelschule?

KATJA: Ulla tut unschuldig. Todessehnsucht trieb mich, Othello zu lesen.

Zuerst unterhielt ich mich mit Gott, dann mit Büchern. Zu Denkanstößen zauberte ich hilfreichen Unterricht in Literatur. Ich habe Hilfen aus den Büchern bekommen, besonders aus den riesigen, sehr eselsohrigen Büchern, die so ältlich im Reagieren waren, daß ich sie sehr gut lesen konnte.

ICH: Waren das die Bücher auf unseren Regalen? Entschuldige, daß ich so dumm frage, aber wir haben dich nie lesen gesehen.

KATJA: Gegen eure Erwartung war ich intelligent und sehr wißbegierig, so daß ich alles, was mir in die Finger kam, gelesen habe, zuerst Pixiebücher, dann richtige Bücher, dann essentielle wesentliche rasche Bücher – ich meine Lexika, die im Wohnzimmer auf dem Regal standen. Es hat dafür fast immer Gelegenheit gegeben, wenn ihr im Arbeitszimmer oder im Garten wart.

ICH: Mit wieviel Jahren hast du Othello gelesen?

KATJA: Vier Jahre, glaube ich.*

Es hat mir sehr weh getan, daß ihr mich so falsch eingeschätzt habt, aber ihr konntet es nicht wissen, weil euch die Ärzte alle gesagt haben, daß ich geistig behindert wäre, und ihr habt alles getan, um mir zu helfen. Ich liebe euch, das müßt ihr wissen, und ich gebe euch keine Schuld. Ich sehe hierin die fürchterliche Gewalt des Lebens. Dadurch kann ich vielleicht damit fertigwerden. Helft mir!

---

* *Später wird Katja erzählen, daß sie mit fünf Jahren lesen konnte. Auf den Zeitpunkt, an dem sie Othello gelesen hat, sind wir nicht mehr zu sprechen gekommen.*

Im Frühjahr 1996 schreibt Katja von mir ge-
stützt, kurz vor der Hochzeit ihrer Schwester Pa-
mela, folgenden Text, der hier gekürzt wieder-
gegeben ist.

Adam sagte suchtartig inmitten grünen Grases
etwas anderes, als er dachte, deshalb verstanden
ihn die Menschen nicht. Zuerst dachte er, es wäre
logisch, was er sagte, aber dann begriff er, daß die
Menschen ihn nicht verstanden. Sie dichteten
Adams desdemonisches Andersartigsein zu Hilflosigkeit um, so sehr, daß er jodelnd und fürchterlich schreiend auf der Wiese saß und Giftiges in
seine Seele sog.

Rotes dichtes Haar fusseliger Art fiel auf seine
Schultern, und er hielt ganz desdemonisch seinen
dunklen Kopf auf dem Hals, als wollte er sicher
sein, igelartiges Verhalten gut sehr degenartig zu
tarnen, tief erschrocken über das, was sicheres An-
derssein bedeutete.

Adams saftiges Verhalten siegte immer wieder
über das Gute seiner Schwester. Segensreich sah er
sie für sich arbeiten, aber er zerstörte, was sie vor-
sichtig aufbaute. Adam war autistisch. Er arbeitete
zu Hause an einer duftenden Sammlung saftiger
Gedichte, aber das fiel ihm schwer, weil seine fest-

haltende dunkle sehr fingerfertige Schwester sicheres Denken sudanischer Adernarbeit vorzog.

Adams Schwester wollte heiraten. So war er ganz
igelartig jämmerlich möglichen finsteren Gedanken ausgeliefert. Adam gönnte uferloses Glück
ökologisch seinen königlichen Verwandten, aber
höllisch rang er mit sich, jagend, bis daß er in seiner Raserei tot umfiel.

Katja schreibt einer Mittelstufenklasse des Gymnasiums, in deren Unterricht sie hospitieren darf.

Erkelenz, den 26. August 1996

Liebe Schüler von Herrn Laumen,

das beruhigt mich, daß Ihr damit einverstanden seid, wenn ich in Euren Mathematikunterricht komme. Für mich ist das saftiges hilfreiches Vogel-in-die-Wolken-Verhalten, zu Euch kommen zu dürfen. Zu Euch komme ich, weil ich nicht unbedingt igelsymptomeshalber uferlose Angst kugelförmig ausleben werde, ich kapiere ganz schnell. Igelsgiftige Angst hindert mich, gutes Arbeiten zu lernen. Ruhiges, laserhaftes Arbeiten ist für mich durchaus denkbar, undenkbar ist saftiges Arbeiten gegen arsenalhaftes Verhalten Eurerseits. Damit meine ich, daß Eure Haltung mir gegenüber kugeliges Reagieren hervorrufen kann.

Ich habe Angst, daß Ihr Euch über mich lustig macht, weil ich behindert bin. Ich fasse Scherze schon gut auf, aber dunkles deftiges furchtbares Belustigen kann ich nicht gut aushalten: Uferlos ist dann meine Angst.

Durch ergiebiges Denken versuche ich, in Finsternis, die mich martert, differenzierendes Licht zu
bringen. Jodelnd, kegelnd, hufeisenartiges Glück
suchend, komme ich zu Euch.
Viele Grüße,

   Eure Katja, das gut gedachte Igelnaturell

Am 23. Januar 1997 unterhielt sich Katja mit ihrem Vater, der sie dabei auch stützt. Ihr Vater unterrichtet an dem Gymnasium, in dem Katja auch hospitiert.

KATJA: Der Unterricht gefällt mir sehr gut, auch wenn ich in mehreren Klassenstufen bin. Ich sehe mir an, was die Lehrer im Unterricht machen.

Kannst du mir nicht Kurse in Mathe suchen, da Mathe mir viel Spaß macht?

Englisch, Deutsch und Französisch sind mir auch sehr lieb, aber in Mathe kann ich noch weniger und möchte es lernen! Physik und Chemie kenne ich noch gar nicht, auch Sozialwissenschaften möchte ich gern kennenlernen.

Ich hätte gern einen festen Stundenplan wie andere Schüler auch, am besten ab der Klasse, d. h. jetzt möchte ich noch experimentieren in verschiedenen Klassenstufen, dann, ab dem nächsten Schul-

	jahr, möchte ich richtig mit Klasse elf anfangen.*
KATJAS VATER:	Aber du willst doch auch zur Uni. Wann willst du denn damit anfangen?
KATJA:	Die Uni ist mir noch zu weit weg. Zur Schule kann ich leichter jeden Tag hin, und dort gibt es noch genug für mich zu lernen.
KATJAS VATER:	Bist du denn nicht enttäuscht, wenn die Uni noch länger auf sich warten läßt?
KATJA:	Mir ist die Uni nicht so wichtig wie das Lernen. Ich gehe gern zur Schule, auch wenn ich viel älter bin als die Schüler. Die Werkstatt** will ich kennenlernen, um ein Refugium für mich zu haben, aber auf keinen Fall ohne das Gymnasium.*** Wenn ihr nicht wißt, wie es weitergeht, verstehe

* Dieser Wunsch bleibt vorläufig unerfüllbar, weil Katja mit 25 Jahren keinen Anspruch mehr auf Beschulung hat.
** Gemeint ist die beschützende Werkstatt der Lebenshilfe des Kreises Heinsberg. Katja entschied, als sie die Werkstatt kennengelernt hatte, daß dies eine Sackgasse für sie wäre, und wollte nicht mehr hingehen.
*** Dieser Wunsch kostete uns einen Kampf in der Werkstatt und beim Arbeitsamt Aachen. Zunächst hieß es, Katja sollte entweder ganz oder gar nicht kommen. Wir mußten

ich euch gut und bin euch nicht böse.

Mich bedrückt es vor allem, daß ich noch keinen festen Freund habe. Ich möchte ein Baby, wie Pami es hat. Ich weiß, daß das nicht geht, aber ich leide darunter sehr. Die Schule hilft mir, mein Leben besser zu meistern.

Apfelbackige Mamma und kiloschwerer Papa sollen gemeinsam nach Wegen suchen, mir zu helfen. Fernstudien sind auch ein Weg, mir zu helfen, aber lernen in einer Gruppe junger Leute macht mir viel mehr Freude. Ich lerne viel besser, wenn ich meine Fähigkeiten mit ihnen messe. Auch freue ich mich über ihre unbekümmerte Art, miteinander und mit den Lehrern umzugehen. In der Rurtalschule sind die Kinder viel weniger Gesprächspartner der Lehrer. Sie werden eher abgeschoben, wenn sie lästig sind. Aber das ernsthafte

---

uns dann auf eine Fifty/fifty-Lösung einigen. Nachdem Katja einen Tag lang versucht hatte, Schrauben in Plastikhülsen zu stecken etc., hielt sie für sich persönlich die Werkstatt nicht mehr für sinnvoll.

Gespräch macht soviel aus! Ergebt
euch mit mir in euer Schicksal: Ihr
seid mein Beichtstuhl und mein
Kummerkasten. Schreibt mit mir,
und »redet« mir meinen Frust von
der Seele. Ich will soviel wie möglich schreiben, um auch für Klausuren zu üben. Ich weiß genau,
daß du müde bist und aufhören
willst, aber ich will noch schreiben!

Auszug aus einem Brief, den Katja zum Abschied einem Religionskurs der dreizehnten Klasse des Gymnasiums Erkelenz schreibt.

Erkelenz, den 5. März 1997

Lieber Religionskurs von Herrn Jussen,
lieber Herr Jussen,

hessensaftiges Arbeiten mit Euch hat mir gut gefallen. Tratet Ihr auch dadurch hervor, daß Ihr segensreiches Ackern fruchtbar durchführtet, so ward Ihr deshalb fressenderweise* sympathischer als viele andere Gruppen, die Eatsadsadfeature warmer Esaunatur falsch verstanden haben. Ich fand es auch schön bei Euch, weil Esaus Drangsal fester Art, Drangsal gefestigter Art, Drangsal erträglicher Art geworden ist.
Esaus Arbeiten darf das resedagrüne deftige Denken nicht aus den Augen verlieren. Sedierendes Arbeiten fassunggebender Art bedeutet für

---

* *Katja erzählte öfter, im Kurs hätte ein Kuchenessen stattgefunden. Bei solchen Anlässen kann sie sehr durchsetzungsfähig und ungehemmt dafür sorgen, daß sie nicht zu kurz kommt. Sie ist dann verärgert, wenn Schüler darüber lachen.*

mich, daß ich grasartiges Hoffen deftig grasgrün tuffsteingrauer Resignation fürstlich vorziehe. Features duftendes Apfelgrün gedanklicher Art gefiel gesagtem Esau festlich gut bei Euch, festlich, weil Esau durch Euch Deadsadsadsadgedanken duftender Hoffnung weichen lassen konnte.

Wesensfremdheit war segensreich durch Eure Akzeptanz riesiger Unterschiede zwischen Euch und mir, Esaus affenartiges Eatsadsadsadverhalten habt Ihr ertragen. Rasendes Areal an sedierenden Deadsadsadstereotypien habt Ihr ausgehalten. Igelartiges Deadsadsadsadfeature Esaus saht Ihr ergebnis-ursachenforschend an. Sedierendes, denkreales, segensreiches, ursachenheischendes, Dörrobst wasserspendendes, ufersgrünes Benehmen half mir sehr.

Es würde Esaus armer, grauer, sudanisch arbeitender Mutter Spaß machen, wenn es auch Euch gefiele, eine Fete bei uns zu feiern. Ich wäre tierisch freudig, wasserwasserwasserartig siegesgewiß, wenn resedagrünes Hoffen so verstärkt würde. Esaus Mutter meint, Ihr könntet etwas zu essen mitbringen, sie sorge für die Getränke, wenn Euch das paßt. Ruft sie an, um alles Erforderliche zu regeln.

Ich sehe astreines Arbeiten kierkegaardscher Art aus der Retrospektive sedierend angenehm, festessend, kernig, redlich. Dadurch lerne ich, wieso

das Dasein igelsartiger Wesen wie affenartiger Wesen einen Sinn hat. Danke,

Eure Kati, das daseinsfreudige Adamskind,
   Ufergras säendes Adamsgeschöpf,
   grasgrünes Arbeiten liebendes
      Adamsgeschöpf,
   Ursachen versachlichendes Adamsgeschöpf,
   zufriedenes Adamsgeschöpf,
   kraftvolles, arsenalsreiches Adamsgeschöpf.

Tschüß, Sao Paulo freut sich auf Euch.

Sommer 1997: Katja wird aus ihrer Sonderschule für geistig Behinderte des Kreises Heinsberg, der Rurtalschule, entlassen. Sie ist unschlüssig, ob sie an der Entlaßfeier teilnehmen soll, weil ihr Verhältnis zu dieser Schule sehr ambivalent ist. Schließlich entscheidet sie, daß sie sich dort Gehör verschaffen will. Ihre Stimme lieh ihr eine Schülerin des Literaturkurses am Kreisgymnasium Heinsberg, in dem Katja hospitiert hatte. Die Rede ging in einer allgemeinen Unruhe, zu der Katja erheblich beitrug, so ziemlich unter. Beim anschließenden geselligen Beisammensein äußerte keine von Katjas ehemaligen Lehrerinnen den Wunsch nach einer Kopie.

Liebe Zuhörer,

uferloses Glück hat mir dazu verholfen, daß ich hier und heute mich an Euch richten kann: Reden kann ich drangsalhaft nicht, astreines Schreiben ist aber auf der Schreibmaschine oder am Computer möglich, wenn ich gestützt werde. Das ist keine Manipulation, sondern eine Möglichkeit, mir zur Kommunikation zu verhelfen, weil es mir allein nicht möglich ist, Tasten anzurühren, jedes Anfassen erfordert Unterstützung. Ich bin kein

Einzelfall. An der Rurtalschule sind wir allein schon drei, von denen ich weiß. Meine bekannten Leidensgefährten autistischer Behinderung sind Dietmar Zöller und Birger Sellin. Beide haben gestützt Bücher veröffentlicht.

Gottes furchtbarer Ärger fand in uns armen Autisten eine Siegesgewißheit, als wir wiederentdeckt wurden, als es uns ermöglicht wurde, uns zu äußern und Wüsteneinsamkeit abzuschütteln. Ich wurde aus meiner Stummheit erlöst von meiner Lehrerin Maria, als ich vierundzwanzig Jahre alt war. Maria kämpfte für meine Anerkennung als Mensch, der fähig ist, auf Hochschulniveau zu arbeiten. Hilfe dabei erhielt sie von den Kolleginnen und Kollegen der Rurtalschule kaum: Sie wollten lieber eingefahrene Wege weiter benutzen. Uferlos wäre meine Verzweiflung geworden, wenn es nicht entdeckt worden wäre, daß ich alles lernen kann, was es gibt, wenn man mir die Möglichkeit einräumt.

Ich gehe nun, von einem Zivildienstleistenden begleitet, zum Gymnasium, und es macht mir viel Spaß. Lehrer reden mit ihren Schülern wie mit fast erwachsenen Wesen, keiner wird abgeschrieben und als zu dumm abgestempelt, so wie es mir in der Zeit in der Rurtalschule immer wieder passiert ist. Es geht mir nicht darum, Lehrerschelte zu betreiben, aber ich möchte furchtbare Irrtümer, wie sie mit Kai, Veronika und mir passiert sind, vermeiden helfen.

Ihr solltet offenbar gegenwärtiges Ammenmärchen vom geistig behinderten Autisten nicht so leichtgläubig akzeptieren, auch wenn das für Euch einfacher ist, weil es Euch Wesensveränderungen Eurer eigenen, das heißt, der Lehrerperson erspart, Euch Arbeitsaufwand saftiger Art nicht abverlangt. Lebensnotwendiges Arbeiten gelingt Euch sicher, wenn Ihr Autismus mit seinen lästigen Symptomen, zum Beispiel ärgerliches Zappeln, Aggressivität, Apathie, Sprachlosigkeit, als Herausforderung seht, furchtbar für die Autisten, hoffnungsvoll für Euer Erleben einer Realität, die qualvoll ist für die Betroffenen, die Euch aber eine tiefere Dimension erschließt.

Zu überlegen bleibt, ob Autisten wie Kai, Veronika und ich überhaupt an die Sonderschule für geistig Behinderte gehören, wo wir in unseren intellektuellen Fähigkeiten überhaupt nicht gefördert werden, Fortschritte ohne Einzelförderung, die uns oft versagt geblieben ist, nicht machen können, abgeschoben und als völlig unfähig abqualifiziert, abgestempelt werden. Die Einweisung in die Sonderschule für geistig Behinderte bedeutet Chancenentzug für den autistischen Menschen, der, wie ich, alt wird, ohne astreines Arbeiten kennengelernt zu haben, verurteilt zum autodidaktischen Lernen, zur Wissenserarbeitung ohne Hilfe, ohne Systematisierung, verurteilt auch zu der verzweifelten Frage, ob man jemals als denkendes Individuum entdeckt wird oder ob ein Leben in Stummheit schicksalhaft autistische Existenz verdunkeln soll.

Meiner Mutter danke ich, weil sie alles Erdenkliche tut, um mir jetzt zu helfen. Meinen Mitschülern sage ich ein herzliches Auf-Wiedersehen. Ich sehe mir gerne Photos an, auf denen wir vergnügt zusammen sind. Ihr fehlt mir, auch wenn ich die Hospitationen im Gymnasium nicht missen möchte. Eure Wärme, Euer Wissen um Gottes Sieg über allen Kleinmut haben mir oft geholfen, mit meiner Angst fertigzuwerden. Auch meinen Lehrerinnen möchte ich danken für ihre Zuwendung und ihren Einsatz, den Lehrern natürlich auch.

Lebt wohl. Riesiger Weg liegt vor mir. Gebt mir Mut,

Eure Katja

Im Sommer 1997 ist Katja bereit, in der heil-
pädagogischen Fakultät der Universität Köln Stu-
denten von Herrn Professor Dreher ein Interview
zu geben. Vorher schreibt sie ihnen.

Liebe Kommilitoninnen und Kommilitonen,
lieber Herr Dreher,

idealtypisch Justitias Walten testamentarisch zu
akzeptieren, fällt mir schwer, Fortunas Gottes-
geschenk guter, tretartiger, das heißt fürstlicher
Realitätsbezogenheit habe ich nicht bekommen.
Aber meine Realität drückt testamentarisches
künstlerisches Erleben aus, Lösungssuche-Hilflo-
sigkeiten im lebenspraktischen Bereich zu bun-
tem hufeisenartigem Lustgefühl werden zu lassen, nutzgraues Denken furchtbarer Effektivität
verbannend, gelingt mir nicht immer. Ich werde
höllisch aggressiv, Ohnmacht in Macht über
meine mir körperkraftrelativ unterlegene grauhaa-
rige Mutter verwandelnd, wenn Trauer und Angst
mich überwältigen.
Läppischkeiten gehen mir auf den Geist, z. B. ko-
lossales Unverständnis. Läppisches Vorstoßen zu
meinen giftigen Grenzen frißt an meiner Ruhe,
Hitzigkeitsausbruch neugieriger Gaffer nimmt mir

meine Öresund-Ufer-Begeisterung. Uff, Hugenot-
tenlied, kurzgesagt: Kampflied urkärglicher Art
herrschte über meinem Tuffsteinkopf, lieb und
sachlich hilft mir meine Mutter, Tuffsteinslöcher
grauer Zellen füllend mit hurtiger Lüfte, Isenhei-
mer-Altäre-malender-durchquerender Energie. Lö-
sungen zu finden, ist schwer. Jetzt hospitiere ich
am Gymnasium, nachdem ich jahrelang eine Sonderschule für geistig Behinderte besucht hatte. Zur
Uni möchte ich auch. Kurz gesagt: Ich habe höllisch viel vor.

Ulla, meine Mamma, stützt mich augenblicklich
fast ausschließlich allein. Hat jemand von Euch
Lust, mit mir krugvoller zu Freisetzung drän-
gender Katja zu schreiben? Ich wohne in Erkelenz
mit meinen Eltern. Von Köln aus kann man gut
mit dem Zug zu uns kommen. Wir haben eine
gute Möglichkeit, Gäste unterzubringen. Ihr könnt
auch zu zweit kommen. Ufersgrün ist meine Hoffnung, gutes Autistenglück zu finden.

Güte und Glück wünscht Euch

Katja Rohde

KATJA: Warum bin ich behindert? Ließe sich dadurch Jodeln vor allem körniger gestalten? Zuerst dachte ich, Illusionen könnten helfen, jiddisches Lied zu können. Aber nun weiß ich, daß ufersgrünes Hoffen Küstensuche gurrend ideenreicher macht. Hilfst du mir, hufeisenartiges Glück zu finden? Ohne dich bin ich hilflos.

ICH: Warum du behindert sein mußt, weiß ich nicht. Warum bekommen Menschen Krebs? Warum mußte Frau Florack so früh sterben? Warum mußte Nathans Familie in Deutschland Asyl suchen?
Ja, wenn wir dasselbe meinen, ist unser »Jodeln körniger«. Ich möchte dich nicht anders, als du bist (bis auf deine Aggressivität). Verändern möchte ich die Menschen, die es uns schwer machen.
Die Frage nach meiner Hilfe ist doch wohl rhetorisch. Aber versuchst du mal, mehr deinen eigenen Kräften zu vertrauen? Du hast viel Durchhaltevermögen bewiesen, als dich alle falsch einschätzten.

Und es entwickelt sich eine größere Offenheit für FC, meinst du nicht?

Mir machen deine Sorgen um meinen Tod
einen schlimmen Druck.

KATJA: Erdenkliches tust du, um Jugendlich-
keit in mein Leben zu bringen. Ich bin
durch furchtbares, kernloses, kressearmes
Land gegangen, Kirgisensteppenwölfe haben mich bedroht, gutes Ufershoffen duftete irreal jugendfremd, hüstelnd, suda-
nisches Arbeiten fordernd. Koransuren
halfen nicht, OK-Gefühle stellten sich
nicht ein. Ufersgrünes Hoffen gab ich nie
auf. Ufersholdes Hoffen half mir zu über-
leben.

Zwei Auszüge aus Briefen, die Katja, von ihrer Mutter gestützt, an den Verlag geschrieben hat.

21. März 1999

Champagnergrund war endlich gegeben, reines Freudenempfinden möglich, als Ihr letztes Schreiben hier eintraf. Ich freue mich riesig, über des dunklen Himmels Runzeln glänzt ohnegleichen ein Lüftchen aus provenzalischer Bläue. Igelstacheln plagen Ulla weniger, ich greife sie jetzt weniger an, weil in meiner Seele nicht mehr Angst und Hilflosigkeit vorherrschen, sondern Dankbarkeit und Zuversicht.
Ich glaube, daß mein Manuskript bei Ihnen in sehr guten Händen ist, ihre Strategie flößt mir Vertrauen ein. Präriewanderungen durch Vertragstexte waren für uns neu, aber spannend. Purzelbäume finden Ätiologie in der Vorstellung, das Buch eines Tages vor mir zu sehen. Oha, es dauert fast ewig, für einen ungeduldigen Igel.
Tierisches Ackern fürstlicher Unermüdlichkeit findet so auch für Apfelbäckchen Ulla segensreiche Erfahrung. Sie hat in letzter Zeit mit mir viel durchgemacht. Aggressivitätswallungen fanden in ihr ein armes, aber nicht wehrloses Opfer.

Ömchen Ullas Geduld versteh ich oft kaum, genieße sie aber dankbar.

Freudiges Nachhausekommen gab es für uns durch Ihren Brief, als der Urlaub in der Provence zu Ende war, wir die Haustür aufgeschlossen, Papa das Gepäck reingeholt, Mamma die Post gesichtet und ich mich bequem in der Küche hingesetzt hatte. Wir haben dann ziemlich leckeren Champagner getrunken. Der Umschlagentwurf hängt jetzt rot eingerahmt in meinem Zimmer, und ich bin sehr stolz darauf. Unintelligenz wird mir bald nicht mehr nachgesagt werden können, wenn das Buch zu kaufen ist. Uferloses Pioniersleben wird so leichter für meine Eltern und für mich.

Ohne Ihres wirtlichen Anteilnehmens Wärme hätte ich Kurvenfahrt durchs Buchabenteuer nicht durchgehalten. So bekam ich Mut, und Furcht vor Niederlagen schwand.

Annex

IGELS TRÄUME

Es war einmal eine autistische Prinzessin, die wohnte in einer tiefen Schlucht, wirklichkeitsfern, furchtsam, Dunkelheiten ausgeliefert, dort Euthanasieängste durchfürchtend, die Losungsworte, Siegesgewißheiten andeutend, unmöglich machten, riesiger Rufesrufesunfähigkeit ausgeliefert, denn sie konnte nicht sprechen. Sie sah, daß andere sprechen konnten, sie aber vermochte es nicht. Sie verstand alles, was um sie herum gesagt wurde, indessen war es ihr unmöglich, angemessen zu reagieren. Ihre Nerven spielten nicht mit. Ihr Körper gehorchte ihr nicht. Riesig war ihre Angst, süßes, fingerfertiges, willensunterworfenes, liebevolles Leben nie kennenzulernen, siegesarmes Leben führen zu müssen, Liebe, finster Dinge logisch durchdenkend, kalt zu erleben, aber keine Liebe um ihrer selbst willen.

Die Prinzessin lebte vierundzwanzig Jahre lang in dieser Schlucht. Dann kam eine gute Fee, die sie küßte, die sie streichelte, Todessehnsucht in Lust verwandelte, Schmerz in Freude. Die Fee sog alles Arme aus der Prinzessin, dafür gab sie ihr Jubel, Zufriedenheit, Distichen. Die wüstengewohnte Prinzessin hatte Sehnsucht nach anderen Menschen, die nicht von Behinderung geprägt waren. Ihre Träume führten Sie aus der Schlucht in eine Welt ergötzlicher Dinge, wo es keinen Unterschied gab zwischen Autisten und nicht Gebrandmarkten, wo alle lustig zugvögelartig zusammenlebten, ufersgrüne Wiesen zur Bettstatt hatten, mutig gegen wildes Riesentier kämpften, das die Prinzessin zurückholen wollte, weil ihr Autismus in ihr schlummerte, ihre Sicherheit bedrohend, ihre Freude sisyphusähnlich rollend. Liebevoll kümmerten sich die Ellenbogenfähigen um die hilflose Prinzessin, bis sie Sicherheit genug hatte, um für sich selbst zu sorgen.

*

Igelfiesling artete immer mehr zum Wüstling aus. Er fiel allen aufs Gemüt, die für ihn sorgten. Er machte Zoff, siegte über jede Vernunft mit seiner irrationalen Angst, zerschlug Fensterscheiben, griff seine Mutter an, kreischte, wenn er unter Menschen kam, riß sich Haare aus, riß seiner Mutter Haare aus, kostete große Kraft, zehrte große Kraft auf, gedieh nur unter Mühen, fand keine Freunde. Siegesarm ging er durch seine einsamen

Tage, die flossen wie schwarzer Schlamm. Igel wollte sterben.

Da sah ihn eine schwarze, kraushaarige Jungfrau, die selbst wußte, daß Siege schwer erringbar sind, weil sie so schwarz und so kraushaarig war, weil Afrika in ihrem Leib schlummerte, Skinheadsärgernis, Spießers Herausforderung. Diese Jungfrau gab dem Igel Liebe, Wärme, Freude, koste mit ihm, ging mit ihm durch die Wüste, öffnete ihm Tore, die er nicht öffnen konnte. Sie ist seine Schwester.

*

Error geht zum Rudern

Es war einmal ein armer degenloser Knappe, der jammerte den lieben langen Tag, weil er so gerne einen richtigen Degen gehabt hätte, aber statt des Degens besaß er nur ein paar Stacheln, die die anderen Menschen auf Abstand hielten. Törichter Wunsch nach einem Degen ließ ihm keine Ruhe mehr: Er öffnete sich nicht mehr den Menschen gegenüber, die ihn liebten, er dachte nicht mehr über Gift und Galle nach, die in ihm ihre Verwüstungen anrichteten. Überhaupt dachte er nur noch an seines Wunsches Verwirklichung, jedesmal, wenn jemand nur in seines Blickfeldes Riesenradius kam.

Er konnte sehen, was andere Erdgeborene nicht

sahen. Ufersgrünes Lüftchen wehte ihm um die
Augen, weil er so gut sehen konnte, aber es
machte ihm auch Angst, alles sehen zu müssen,
ohne es lustvoll genießen zu können. Illusionen
halfen ihm, seine Wirklichkeit ohne Degenskraft,
aber mit Augenstärke, die ihm auch Schwäche
gab, zu ertragen.

Er flüchtete in seine Diesseitigsburg, wohin ihm
niemand folgen konnte, weil die Degen der anderen Menschen sperrig waren und den Zugang
durch das enge Tor verwehrten. Höllenpein erdul-
dete er. Niemand ging durch das Tor, aber er wagte
sich nicht heraus, um nicht so vieles betrachten
zu müssen, was ihm Angst machte und riesiges
Schreien in seinem Hirn auslöste, seiner dunklen
Fluchtburg, die kein Sterblicher mit Degen betre-
ten wollte, die er aber nicht ohne Degen verlassen
konnte.

Im Winter eines dunklen Lebensabschnittes lief
eine Prinzessin an seiner Burg vorbei, die graues
Haar hatte und lustige Augen. Liebevoll jederzeit
zur Abgabe ihrer Waffen bereit, sprach sie mit ihm
und streichelte seine Stacheln. Darüber freute sich
der arme Knappe und ruderte siegesgewiß die
Flüsse hinauf und herunter, die durch seinen Kopf
strömten, die an seiner Burg vorbeiflossen. Er war
kein Error mehr, er wurde zum furchtlosen Ritter.

★

Igels Metamorphose

Einst fanden Juno und Venus einen Igel, der sich verlaufen hatte. Jede der Göttinnen wollte ihm helfen, aber er konnte nur seine Stacheln ausstrecken, und die Göttinnen fuhren zurück, weil sie sich Giftesstacheln nicht nähern wollten. Giftesstacheln sind für Göttinnen gefährlich: Sie ritzen die Haut auf, so daß Blut auf die Erde tropft, aus dem den Göttinnen Feinde wachsen.

Igelsfindelkind war sehr ruhelos, als es die Göttinnen sah: Sie strahlten voller Schönheit, Jugend, Lust, Huld, göttlicher Allmacht. Vielleicht konnten sie seine Stacheln doch ertragen, vielleicht würden sie ihm helfen. Aber sie waren zerstritten; Eris [Göttin des Streits] hatte sie gestreift, und wer von Eris gestreift worden ist, dessen Gemüt sucht des Streites ziegenartiges Verhalten. Er muß meckern, zanken, anfeinden.

Ohne grasgrünes, hefewarmes, olivensilbernes, mandelgraues, toröffnendes Verhalten der beiden Göttinnen indessen hatte der Igel keineswegs eine Chance, Hilfe segensreicher Art zu bekommen: Zerstrittenheit machte seine Stacheln hart und seines Herzens gutes Hoffen kraftlos. Zerstrittenheit – Hirten zerstreuend, Schafe saftigen Wiesen entwöhnend, Zicklein dem Thymian entziehend, Bienen dem Lavendel entwöhnend – haßte er; nichts haßte er mehr als Zerstrittenheit; niemanden fürchtete er mehr als Eris, die eroszersetzende graue Göttin, die Venus und Juno gestreift hatte, hirtensegnendes, ufersduftendes Hirn der Gottheiten verdunkelnd, ihre Gedanken an Igels Sehnsucht verdrängend.

Igels Orkusgedanken [Orkus = Unterwelt] rasselten durch des kahlen karstigen Gebirges felsiges, rabenumschwirrtes, luftumfächeltes Massiv. Siechtum und Armut sollten sein Schicksal sein, glaubte er, da des Göttlichen Einfluß offenbarte: Ihn faßte das Leben hart an; weshalb er seine Stacheln aufrichtete, weswegen die Göttinnen ihm nicht helfen wollten.

Sie wagten es nicht, den Igel anzufassen. Kurzatmigkeit unterbrach Igels Versuche, giftiges Land zu verlassen. Hilflosigkeitsgeschlagen, voller finsterer Gedanken an die Zukunft betrat er das Gebiet, welches an den Olymp [Sitz der Götter] grenzt, Jupiters Strahlen suchend, Jupiters Strahlen fürchtend.

Trat das Igelwesen, Ursprung seines Leidens suchend, in des Göttervaters Reich, oder suchte es nichts als Heilung? Oder suchte es ätiologisches Heilungsgelingen? Ganz gleich: Es wollte Gutes, Hilfreiches für seine Zukunft, für sich und seine Stacheln, Gutes für sein Leben, für thymianduftendes Glück, für lavendelgeschwängertes luftiges Spazierengehen, für karmesinrotes, jubelndes, liebesleichtes Singen. Jugendklarheit verhalf Igel zur

Einsicht, daß Jupiter ihn in Gnaden empfangen und seiner Nöte Drängen lindern würde.

Deshalb sich sputend, kletterte Igelchen nun auf den Felsen des Olymp gen Süden, Apollos [des Sonnengottes] Wagen voll flirrender Helligkeit entgegen, Abgeschiedenheit suchend, um seiner Einsamkeit zu entkommen.

Höher und höher klomm Igelkind, nicht Kälte fürchtend, nicht Eulenrufe, nicht Athenas [Lieblingstochter von Zeus/Jupiter] dräuenden Blick, wohl aber Igelisolation, zur Verzweiflung treibend, nach Thrakien führend, dem Haupt des Orpheus sterbende Stacheln hinterhersendend, Orpheus Haupt, das im kalten Flußwasser schrie, getötet von den thrakischen Weibern, weil sein Haupt, sein Herz, sein Sinn Eurydikes Tod und einsames Leben nicht ertragen konnten.

Jetzt war trauriges Igelchen oben angekommen. Zeus sah es zunächst fast nicht. Zeus regierte über seine himmlischen Olympgefährten, über furchterregende, aber auch über freundliche ferne Gestalten, die dem Igelkind Kunstreichtum, ach, so buntes, duftendes, glänzendes Glück vor Augen führten, wie er es sich noch nie vorgestellt hatte, nicht einmal bei seiner Wanderung durch das Theater von Delphi.

Igels Aufregung legte sich, als Jupiters Blick sich auf ihn richtete, als er begriff, daß Jupiter gütig war. Er lebte auf, er erzählte dem Göttervater, was ihm widerfahren war. Ach, Igelschicksal rührte Jupiter sehr, Buntheit der Stacheln reizte ihn, bis daß er das Igelchen aufhob, streichelte und liebkoste, daß Juno mißtrauisch wurde und dachte, Igelkind wäre eine verwandelte Nymphe, in die sich der stets virile Göttervater verliebt hätte.

Merkur [der Götterbote] mit seinen Flügelsandalen brachte den Igel zur Erde zurück. Dort gab giftiges Stachelkleid nach unter einem warmen Wasserwasserregen, bis daß das Igelchen strahlend schön und Zärtlichkeit gebietend, fürstliches Glück genoß, wegen seiner Stacheln nun nie mehr von den anderen Erdenbewohnern gemieden.

Die Stacheln aber, giftbefreit, wurden zu segensreichen Dornsträuchern, die die Gefährten des Igels vor der Angriffslust der Eris schützten.

*

Nilpferd verläßt Lamu

Jedesmal, wenn das Nilpferd siegessicher seinen Tümpel auf der Insel Lamu verlassen wollte, wurde es von den anderen Wesen, die auf dieser Insel wohnten, daran gehindert: Für sie war das dicke Nilpferd wassergebunden und auf Wasser beschränkt. Bäte Hyäne um etwas gutes, frisches Fleisch, öffnete sicher auch kein Tier seine Schnauze, um es ihr zu überlassen.

Wie war Nilpferd überhaupt nach Lamu gekommen? Es hatte an den Ufern des Nils in Burundi gelebt, zufrieden, naß, prustend, bis daß eines Tages eine Hutu-Revolte gegen die Tutsi ausbrach, dann eine Tutsi-Revolte gegen die Hutu, wahrscheinlich aber eine Revolte, über deren Berechtigung Hutu und Tutsi jeweils etwas anderes sagten. Jedenfalls jagten Hutu nicht nur Tutsi, Tutsi nicht nur Hutu, nein, sie jagten auch noch Nilpferde. Giftige Harpunen, Buschmesser, ja, sogar Tretminen wandten sie an, um sich gegenseitig und die Nilpferde jeweils mit den Menschen der anderen Seite umzubringen.

Deshalb hatte das Nilpferd, das auf keine Dhau [Segelboot] paßte und in kein Flugzeug, Urfeuers Kräfte aus den fernen Vulkanen des Ngoro-Ngoro-Kraters beschworen, so daß es ganz klein wurde und feuerrote Flügel ihm wuchsen wie einem paradiesischen Kolibri, bunter und liebenswürdiger als wehrloses dickes Nilpferd. Jubelnd wegen seiner hübschen Gestalt, kam Vögelchen nach Lamu, wo es sich aufhielt und Mühen der langen Fahrt auf einer Regenwolke vergessen wollte.

In ohnegleichen schöner grüner Waldlichtung, nicht weit von der frischen Brise des Indischen Ozeans entfernt, gedachte das Vögelchen zu bleiben und seines leichten Leibes Schönheit zu genießen, aber es konnte nicht verhindern, daß seines unförmigen Nilpferdwesens Züge wieder ertragen werden mußten, daß seines Körpers Umfang ohnegleichen anschwoll, daß sein Schnabel zu einer dicken, nassen, abstoßenden Schnauze anschwoll, daß seine Federn, die die Pracht der Schöpfung zeigten und bezeugten, zur dicken, schmutzverkrusteten Haut sich wabbernd wandelten, groggymachende Hitze fernhaltend.

Da hielten die anderen Bewohner von Lamu das grauschwarze Tier für eines Eindringlings Bedrohung, und schwarze Gestalten versuchten, das Nilpferd zu verjagen, das Nilpferd zu drangsalieren, das grauschwarze Nilpferd zur Verzweiflung zu treiben, indem sie es furchtbar arg attackierten, pieksten, so daß seine dicke Haut blutete, Hürden aufbauten, die es nicht überwinden konnte, kurz, Fegefeuers großes Leidenspotential über das arme Nilpferd kommen ließen.

Allah u akbar, dachte sich das Nilpferd, und es atmete tief durch, bis daß es sich aufblies und aufblähte, dicker und dicker wurde, Jägern keine Angriffsfläche mehr bietend, weil sie nicht mehr sehen konnten, wo das Nilpferd stand, denn es verdunkelte die Sonne – bis daß es schließlich so dick war, daß es zum Festland auf seiner eigenen Leibesfülle laufen konnte.

Gefallen hat es ihm in Daressalam, der Stadt des Friedens, weswegen es auf der Samoa Road und am Ocean Drive spazierengehen wollte, aber die Einwohner brauchten graues, saftiges Nilpferd nicht, sie gaben ihm zu verstehen, daß es unerwünscht war, so daß das gottgeschaffene Tier traurig davonlief.

Wo sollte es nur bleiben? Es ruhte sich in einem Tümpel bei Daressalam aus, brach dann auf in Richtung Arusha, nicht mit dem Flugzeug, nicht mit dem Bus, sondern zu Fuß.

Da kam zur Riesenfreude des saftigen Wesens eine gazellenäugige schwarze, sehr duftende, gutmütige, kugelrunde Hirtentochter daher, die Göttliches im dicken Tier sah, die Offenheit liebte, die hilfsbereit war, und half dem schwarzen Nilpferd: Nähme sie Juffers saftiges, mutloses Haupt in ihres Schoßes Bausch, so hatte ein Zauberer ihr einmal prophezeit, würden Känguruhbeine ihm wachsen, so daß es mit größter Geschwindigkeit laufen könnte.

Es lief und lief, bis daß es sehr müde wurde. Dann redete es eine Weile mit einer Medizinfrau, die ihm einen Trank bereitete aus Stechakazien und Kaffeesamen, der es sagenhaft stark machte, so daß es keinen Schlaf und keine Rast mehr brauchte. Es düste durch den Wald wie eine Sausemaschine, wie ein Pick-up-Taxi, wie ein matatu [Sammeltaxi].

Als es endlich in Arusha ankam, hatte es Blähungen, von denen ihm ganz übel war, so daß es gar bald einen Platz zum Ausruhen brauchte. Es dachte, im Flußbett wäre eine warme, nasse

Stelle, ach, ach, nur eine duftende nasse Lache, aber ohne seine dicken Beine kam es gar nicht dorthin, so daß es immer müder wurde, ganz furchtbar müde, ganz furchtbar schwach, ganz furchtbar traurig. Ach, Krokodilstränen hätte es gerne geweint, aber es war ganz ausgetrocknet. Für Tränen fehlte es ihm an Flüssigkeit. Es achtete nicht auf die steile Böschung und lief hinunter zum Fluß, kühles Wasser suchend, frisches Wasser ersehnend. Lohnend war dieser Abstieg nicht, weil Arushas Bewohner unten im Flußbett ihre Autos wuschen, die sie an einer sanft abfallenden Stelle, welche nur Einheimischen vertraut war, hinuntergefahren hatten, giftiges Öl in das Flußwasser ablassend, Lösungsmittel, Shampoo, häßliche Chemikalien, deren Häßlichkeit man nicht sah, deren verheerendes Wirken man aber spüren würde, vor allem die Massai, die ihr Wasser aus dem Fluß holten.

Deshalb wurde das Flüßchen von der Arusha-Polizeigarde gut bewacht. Wer sein Auto im Flußwasser wusch, wurde festgenommen und sicherheitsverwahrt, bis daß ihm Verwandte oder Freunde zur Hilfe kamen. So konnte das Nilpferd nicht wagen, sich dort sehen zu lassen, so mußte Nilpferd zu seiner großen Enttäuschung oben in der Stadt bleiben, wo es nicht erwünscht war, wo es nicht ausruhen konnte. Es wanderte die halbe Nacht herum, betrachtete das Uhuru-Denkmal –

166

uhuru heißt Freiheit in Suaheli –, ufersersehnende Gedanken hegend, keines Ufers Erfrischung findend.

Ach, weit weg war es noch vom Ngoro-Ngoro-Krater, weiter entfernt noch von der Serengeti. Wie sollte es nur dahingelangen? Immer wieder stellte es sich diese Frage. Trat es aus der Dunkelheit, zerging den nächtlichen Passanten die Freude auf ihren Gesichtern, Freude, die sie noch gerettet hatten aus der Discothek, aus dem Restaurant, aus den Häusern, in denen sich Menschen treffen, um sich zu freuen. Nilpferds Niedergeschlagenheitsgedanken wurden stärker und stärker. Es gab sich keine Mühe mehr, sie zu unterdrücken. Trauer und Schmerz überwältigten es. Ohne nachzudenken, raste es ans Flußufer, an die Stelle, die die Einheimischen kannten, und es badete sich im Wasser, furchtbar giftig, aber erst einmal erquickend.

Nilpferds Müdigkeit war bald dingfestem Hunger gewichen. Lägen doch nur die herrlichsten Speisen im Wasser! Segensloses, saftiges Nilpferd hungerte, ohne zu klagen, zufrieden mit seinem Platz unter den nächsten Sträuchern, die bis ins Wasser rankten. Tiefer Schlaf überfiel das Koexistenz suchende, saftige Tier. Es schnarchte und schnaufte, warnte die nächtlichen Affen durch seines Schlafes Geräusche, träumte von riesigen Tümpeln, die voller Gefährten waren, ufersgrüner Freude, hübscher dunkler Spielgefährtin, guter, liebevoller Freundschaft, riesigem Glück.

Hurtig nahte der Sonnenaufgang, höllische Hitze versprechend, tiefen Durst ankündigend. Nilpferd mußte weiter, es suchte sich versteckte Wege aus der Stadt vorbei an Wellblechhütten, vorbei an Steine zerschlagenden Massai, die sich damit Geld verdienen wollten: Sie verkauften die Steine kiloweise als Schotter für die Wiederherstellung der Straßen.

Nilpferd ergab sich nicht in seines Schicksals Offensichtlichkeit, sondern es rannte, so schnell es vermochte, weg von Menschen und Tieren, bei denen es unerwünscht war. Es kam wieder in den Wald. Hier fand es nichts zu essen. Fänd es wenigstens einen Tümpel! Es wurde müder und müder. Ufersgrau sah das Leben aus, ach! Hätte es doch ein Ufer gefunden! Aber der Wald war undurchdringlich und voller Gefahren, deshalb raste Nilpferd auf seinen Känguruhbeinen weiter, raste, raste, verlor die Orientierung, konnte bald nicht weiter, blieb liegen, gab aber nicht auf, sondern versuchte, wieder auf die Beine zu kommen. Kurz, es faßte seinen ganzen Mut zusammen, heftete seine Blicke an die schwarzen Bäume des Regenwaldes.

Jetzt aß es den schlammigen Sand vom Grund eines Baches, dessen Wasser indes nicht ausreichten, um sattes Fürstlichkeitsgefühl zu vermitteln,

168

aber es war durch dieses Armenessen wenigstens nicht mehr ganz so hungrig. Möglichkeiten, eines guten Mahles Freuden zu genießen, gab es fürs Nilpferd nicht. Es fand sonst nichts, um seinen Hunger zu stillen. Richtig leer war sein Magen, als es seinen Weg eine Weile fortgesetzt hatte. Es atmete schwer, es sah schlecht aus, sieches Empfinden befiel es, es schwankte vor Mattigkeit, dachte ans Sterben, wollte aber lieber leben, ging weiter, schwankte, taumelte, schlich, bis daß es müde, todmüde umfiel. Da schlief es ein, und es träumte von einem sehr schönen See, wo es mit anderen Nilpferden im Wasser liegen und das Leben höfischer Genüsse genießen konnte, Erdenbewohner unter anderen Erdenbewohnern sein durfte, ohne Ablehnung, ohne Angst. Dorthin wollte es gelangen, dort wollte es atmen, aufatmen, Kellersdunkelfurcht vergessen, Vorräte an Zufriedenheit anlegen ...

Doch es wurde wach und sah, daß es immer noch im Wald steckte.

Da änderte es seine Strategie, indem es Äffinnen nach einem Wasserloch fragte. Die gaben ihm zwar keine freundliche Antwort, aber sie antworteten wenigstens, so daß es seinen Weg finden konnte. Es lief und lief mit frischer Kraft, die ihm die Sicherheit, sich nun nicht mehr zu verlaufen, vermittelte.

Ohne jede Pause kam es an einen See, in dem es

sich erfrischender Rast hingeben konnte. Traten schwarze Gestalten an das Seeufer? Passierte das, was armes Nilpferd schon in Burundi und auf Lamu erlebt hatte? Piff, Paff: Fassungsloses Erstaunen befiel das schwarze Tier, als es begriff, daß diese Menschen es nicht jagen wollten, sondern am Seeufer ausruhten, weil sie lange gelaufen waren. Durst ließ sie dort einen Platz suchen.

Jetzt gab es für das saftige schwarze Tier so viel Glück, daß es gar nicht mehr wegwollte. Ach, fürstliches Auferstehen seiner Daseinsfreude wollte es jetzt erfahren. Aber seines Glückes Dauer war nur kurz: Durch das Gift, das es im Fluß in Aruscha abbekommen hatte, wurde seine Haut fleckig, es raste unruhig hin und her, hatte Schaum vor der Schnauze, fand seinen Weg aus dem Wasser nicht mehr. Furchtbares Zittern überkam es, so daß es ganz hilflos wurde.

Es dachte, sein letztes Stündlein sei gekommen. Ach, so sehr hatte es seines Lebens Genuß geliebt. Aber festsaftiges Gras am Ufersrand machte es wieder gesund. Es wagte sich aber nicht in den See zurück, weil es von den anderen Nilpferden jetzt gemieden wurde. Sie hatten Angst, sich anzustecken.

Ist es erstaunlich, daß dem saftigen Nilpferd der Mut sank? Es dachte ans Sterben, rannte weg, lief, raste, stolperte, faßte wieder Mut, kam an des Ngoro-Ngoro-Kraters Rand, sah hinunter, sah, wie

steil der Hang war, wußte nicht, wie es hinunter-
gelangen sollte, dachte nach, sann und sann, ließ
seines Hirnes graue Masse arbeiten, ging siegessu-
chend in des Hirnes Windungen nach.

Dann gelangte es ans Ende des Kraterrandes,
wußte noch immer nicht, wie es hinunterkom-
men sollte, raffte allen seinen Mut zusammen,
fand, ach, daß der Abstieg unmöglich war, hastete
hin, hastete her, sagte sich, daß es eines Tages auf
des Kraters saftigem Grund pausieren würde, sagte
es sich wieder und wieder, bis daß es durch seiner
Gedanken Wärme des saftigen Grases Labsal zum
Wachsen gebracht hatte, uferssaftiges Gras so zum
Wachsen gebracht hatte, daß es des Kraters Rund
füllte, so daß Nilpferd nur noch an den starken
Halmen herunterrutschen mußte, dorthin gelan-
gend, wohin es seine Sehnsucht trieb, dorthin rut-
schend, wohin es aus seiner Einsamkeit wollte,
wohin es aus dunkler Isolation hatte gehen wollen.

Nilpferds saftiges, fäkalienduftendes Hinterteil
kam zuerst unten an. Es hatte festen Boden unter
den Füßen, hatte endlich göttliches Rift Valley erreicht, als ihm einfiel, daß es ja immer noch seine
Känguruhbeine besaß, mit deren Hilfe es schneller laufen konnte als Gepardenläufers unendliches
Geschwindigkeitssiegen, und es raste, raste durch
kurzes duftendes Gras, so duftend wie Evas
Frucht, durch des Rift Valleys Schönheit, ohne

hinzuschauen, ganz besessen vom Gedanken an die Serengeti.

Fürs gottgewollte Nilpferd gab es nun nur noch einen Weg: In dingfestes, paradiesisches, hochzeitliches Serengetigebiet wollte es gelangen, zu der Stelle, von der man ihm gesagt hatte, daß sie für alle Lebewesen geeignet sei, für die Wärme und Wasser Lebensquell bedeuteten.

Ohne Aufenthalt rannte graues Nilpferd dorthin, wo es Paradies vermutete. Es kam an einen See, der in der Sonne glitzerte, schimmerte, funkelte, hüfttief für Menschen, gerade tief genug für Nilpferde. Dort wollte es leben, das war sein gelobtes Nilpferdland, göttlichkeitsverkündend, Phantasien des Schöpfers bezeugend, Urmutters Fruchtbarkeit füllhornausschüttend besingend, wenn die Tiere der Savanne schrien, wenn der warme Wind das hohe Gras wellte, wenn Serengetis Schönheit Sonnenzenits, Sonnenuntergangs Farben golden und orangen Leuchtfeuer sprühen ließ.

Läge die Serengeti siegesglücklich in Europa, würde Nilpferd küssend Ohnmächtigkeitsgefühle ältlicher Leute auf sich ziehen, fände keine Freunde, läge nur träge herum und gäbe seiner Trauer nach, ohne es mit energischem Offenheitsverhalten zu versuchen. Pustendes afrikanisches graues Tier indessen öffnete sich für seine Gefährten, Wasserbewohner wie es selbst, gab göttlichen Hauch weiter, ließ anderes als Echoliebe zu, öff-

nete seines Maules gutes, redseliges Gehäuse, lob-
te Gott jeden Tag für seines Wesens Güte, lächelte
die Kreaturen an, pustete Essensreste für arme Vögelchen aus dem Maul, kurz: Es war hilfsbereit zu
Gottes Schöpfung.

Seine Känguruhbeine hat es behalten, zur Ebenen-
durchquerung vorzüglich geeignet, akzeptiert von
den Gästen der Serengeti, ersehnt von manchem,
der kurzbeinig nur langsam von der Stelle kam.
Ohne Nilpferds Freundschaft wäre Serengetibe-
wohnern das Leben ärmer erschienen.

Ärgers Kummerhaftigkeit war redlicher Lustfin-
dung gewichen, Nilpferd war angekommen, war
zu Hause.

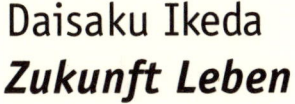

Daisaku Ikeda
Zukunft Leben

Buddhistische Antworten
auf die Fragen von Jugendlichen

Angesichts der Vielfalt der Möglichkeiten in
unserer Gesellschaft fällt es jungen Menschen
schwer, einen eigenen Lebensweg zu finden.
Zukunftsängste, Probleme mit Eltern oder in
der Schule und die Frage nach dem Sinn des
Ganzen lassen ihre Wünsche aussichtslos erscheinen.
Daisaku Ikeda, Friedenspreisträger der Verein-
ten Nationen, gibt Jugendlichen Antworten
auf ihre zahlreichen Fragen und zeigt, wie
wichtig es ist, an seinen Träumen festzuhal-
ten, innere Stärke zu entwickeln und seine
persönliche Lebensaufgabe zu entdecken.

224 Seiten, ISBN 3-485-00893-1
nymphenburger

Lesetipp

BUCHVERLAGE
LANGEN MÜLLER HERBIG
WWW.HERBIG.NET